RÉQUISITIONS

MILITAIRES

Volume arrêté à la date du 2 août 1914.

PARIS
HENRI CHARLES-LAVAUZELLE
Éditeur militaire
124, Boulevard Saint-Germain, 124
MÊME MAISON A LIMOGES

N° 70.

RÉQUISITIONS

MILITAIRES

Volume arrêté à la date du 2 août 1914.

PARIS
HENRI CHARLES-LAVAUZELLE
Éditeur militaire
124, Boulevard Saint-Germain, 124
MÊME MAISON À LIMOGES

RÉQUISITIONS MILITAIRES

I. — Dispositions générales.

Loi relative aux réquisitions militaires (1).

Versailles, le 3 juillet 1877.

Le Sénat et la Chambre des députés ont adopté,

Le Président de la République promulgue la loi dont la teneur suit :

TITRE PREMIER.

Conditions générales dans lesquelles s'exerce le droit de réquisition.

Art. 1er. En cas de mobilisation partielle ou totale de l'armée, ou de rassemblement de troupes, le Ministre de la guerre détermine l'époque où commence, sur tout ou partie du terri-

(1) Mise à jour par l'incorporation dans le texte des modifications qui y ont été apportées par les lois des 5 mars 1890, 17 juillet 1898, 17 avril 1901, 27 mars 1906 et 23 juillet 1911.

toire français, l'obligation de fournir les prestations nécessaires pour suppléer à l'insuffisance des moyens ordinaires d'approvisionnement de l'armée.

Art. 2. Toutes les prestations donnent droit à des indemnités représentatives de leur valeur, sauf dans les cas spécialement déterminés par l'article 15 de la présente loi.

Art. 3. Le droit de requérir appartient à l'autorité militaire.

Les réquisitions sont toujours formulées par écrit et signées.

Elles mentionnent l'espèce et la quantité des prestations imposées, et, autant que possible, leur durée.

Il est toujours délivré un reçu des prestations fournies.

Art. 4. Un règlement d'administration publique déterminera les conditions d'exécution de la présente loi, en ce qui concerne la désignation des autorités ayant qualité pour ordonner ou exercer les réquisitions, la forme de ces réquisitions et les limites dans lesquelles elles pourront être faites.

(1) Ce règlement déterminera également les personnes auxquelles le droit de réquisition pourra être délégué à raison, soit de leurs fonctions, soit de la mission spéciale qui leur aura été conférée par le Ministre de la guerre. Dans ce dernier cas la délégation pourra, à titre exceptionnel et seulement en cas de mobilisation, être donnée à une personne n'appartenant pas aux cadres de l'armée.

TITRE II.

Des prestations à fournir par voie de réquisition.

Art. 5. Est exigible, par voie de réquisition, la fourniture des prestations nécessaires à l'armée et qui comprennent notamment :

1° Le logement chez l'habitant et le cantonnement, pour les hommes et pour les chevaux, mulets et bestiaux, dans les locaux disponibles, ainsi que les bâtiments nécessaires pour le personnel et le matériel des services de toute nature qui dépendent de l'armée ;

2° La nourriture journalière des officiers et soldats logés chez l'habitant, conformément à l'usage du pays ;

---

(1) Alinéa nouveau. (Loi du 27 mars 1906.)

3° Les vivres et le chauffage pour l'armée, les fourrages pour les chevaux, mulets et bestiaux; la paille de couchage pour les troupes campées ou cantonnées ;

4° Les moyens d'attelage et de transport de toute nature, y compris le personnel;

5° Les bateaux ou embarcations qui se trouvent sur les fleuves, rivières, lacs et canaux;

6° Les moulins et les fours;

7° Les matériaux, outils, machines et appareils nécessaires pour la construction ou la réparation des voies de communication, et, en général, pour l'exécution de tous les travaux militaires;

8° Les guides, les messagers, les conducteurs, ainsi que les ouvriers pour tous les travaux que les différents services de l'armée ont à exécuter ;

9° Le traitement des malades ou blessés chez l'habitant;

10° Les objets d'habillement, d'équipement, de campement, de harnachement, d'armement et de couchage, les médicaments et moyens de pansement;

11° Tous les autres objets et services dont la fourniture est nécessitée par l'intérêt militaire.

Hors le cas de mobilisation, il ne pourra être fait réquisition que des prestations énumérées aux cinq premiers paragraphes du présent article. Les moyens d'attelage et de transport, bateaux et embarcations, dont il est question aux paragraphes 4 et 5, ne pourront également être requis chaque fois, hors le cas de mobilisation, que pour une durée maximum de vingt-quatre heures.

Art. 6. Les réquisitions relatives à l'emploi d'établissements industriels pour la fourniture de produits autres que ceux qui résultent de leur fabrication normale, ne pourront être exercées que sur un ordre du Ministre de la guerre ou d'un commandant d'armée ou de corps d'armée.

Art. 7 (1). En cas d'urgence, sur l'ordre du Ministre de la guerre ou de l'autorité militaire supérieure chargée de la défense de la place, il peut être pourvu, par voie de réquisition, à

---

(1) Nouvelle rédaction. (Loi du 5 mars 1890.)

la formation des approvisionnements nécessaires à la subsistance des habitants des places de guerre.

Les réquisitions à exercer en vue de la constitution de ces approvisionnements pourront être faits par les autorités administratives en vertu d'une délégation spéciale du gouverneur de la place.

Un règlement d'administration publique désignera les autorités civiles auxquelles le droit de requérir pourra être délégué, et déterminera les conditions et les formes dans lesquelles ce droit s'exercera.

TITRE III.

Du logement et du cantonnement.

Art. 8. Le logement des troupes, en station ou en marche, chez l'habitant, est l'installation, faute de casernement spécial, des hommes, des animaux et du matériel dans les parties des maisons, écuries, remises ou abris des particuliers reconnues, à la suite d'un recensement, comme pouvant être affectées à cet usage, et fixées en proportion des ressources de chaque particulier; les conditions d'installation afférentes aux militaires de chaque grade, aux animaux et au matériel, étant d'ailleurs déterminées par les règlements en vigueur.

Le cantonnement des troupes, en station ou en marche, est l'installation des hommes, des animaux et du matériel dans les maisons, établissements, écuries, bâtiments ou abris de toute nature appartenant soit aux particuliers, soit aux communes ou aux départements, soit à l'Etat, sans qu'il soit tenu compte des conditions d'installation attribuées, en ce qui concerne le logement défini ci-dessus, aux militaires de chaque grade, aux animaux et au matériel, mais en utilisant, dans la mesure du nécessaire, la contenance des locaux, sous la réserve toutefois que les propriétaires ou détenteurs conservent toujours le logement qui leur est indispensable.

Art. 9. Aux termes de l'article 5 ci-dessus, et en cas d'insuffisance des bâtiments militaires destinés au logement des troupes dans les places de guerre ou les villes de garnison, il y est suppléé au moyen de maisons ou d'établissements loués par les municipalités, reconnus et acceptés par l'autorité militaire, ou au moyen du logement des officiers et des hommes de troupe chez l'habitant. Cette disposition est également applicable à la fourniture des magasins et des écuries.

Le logement est fourni de la même manière, à défaut de bâtiments militaires dans les villes, villages, hameaux et maisons isolées, aux troupes détachées ou cantonnées, ainsi qu'aux troupes de passage et aux militaires isolés.

Art. 10. Il sera fait par les municipalités un recensement de tous les logements, établissements et écuries, que les habitants peuvent fournir pour le logement ou le cantonnement des troupes, dans les circonstances spécifiées à l'article 9.

Ce recensement sera communiqué à l'autorité militaire.

Il pourra être revisé en tout ou en partie dans les localités et aux époques fixées par le Ministre de la guerre.

Art. 11. Dans tous les cas où les troupes devront être logées ou cantonnées chez l'habitant, l'autorité militaire informera les municipalités du jour de leur arrivée.

Les municipalités délivreront ensuite, sur la présentation des ordres de route, les billets de logement, en observant de réunir, autant que possible, dans le même quartier les hommes et les chevaux appartenant aux mêmes unités constituées, afin d'en faciliter le rassemblement.

Art. 12. Dans l'établissement du logement ou du cantonnement chez l'habitant, les municipalités ne feront aucune distinction de personnes, quelles que soient leurs fonctions ou qualités.

Seront néanmoins dispensés de fournir le logement dans leur domicile les détenteurs de caisses publiques déposées dans ledit domicile, les veuves et filles vivant seules et les communautés religieuses de femmes. Mais les uns et les autres sont tenus d'y suppléer en fournissant le logement en nature chez d'autres habitants, avec lesquels ils prendront des arrangements à cet effet; à défaut de quoi, il y sera pourvu à leurs frais par les soins de la municipalité.

Les officiers et les fonctionnaires militaires, dans leur garnison ou résidence, ne logeront pas les troupes dans le logement militaire qui leur sera fourni en nature; et, lorsqu'ils seront logés en dehors des bâtiments militaires, ils ne seront tenus de fournir le logement aux troupes qu'autant que celui qu'ils occuperont excédera la proportion affectée à leur grade ou à leur emploi.

Les officiers en garnison dans le lieu de leur habitation ordinaire seront tenus de fournir le logement dans leur domicile propre, comme les autres habitants.

Art. 13. Les municipalités veilleront à ce que la charge du logement ou du cantonnement soit répartie avec équité sur tous les habitants.

Les habitants ne seront jamais délogés de la chambre et du lit où ils ont l'habitude de coucher ; ils ne pourront néanmoins, sous ce prétexte, se soustraire à la charge du logement selon leurs facultés.

Hors le cas de mobilisation, le maire ne pourra envahir le domicile des absents; il devra loger ailleurs à leurs frais.

Les établissements publics ou particuliers requis préalablement par l'autorité militaire, et effectivement utilisés par elle, ne seront pas compris dans la répartition du logement ou du cantonnement.

Art. 14. Les troupes seront responsables des dégâts et dommages occasionnés par elles dans leurs logements ou cantonnements. Les habitants qui auront à se plaindre, à cet égard, adresseront leurs réclamations, par l'intermédiaire de la municipalité, au commandant de la troupe, afin qu'il y soit fait droit, si elles sont fondées.

Lesdites réclamations devront être adressées et les dégâts constatés, à peine de déchéance, avant le départ de la troupe, ou, en temps de paix, trois heures après, au plus tard; un officier sera laissé, à cet effet, par le commandant de la troupe.

Art. 15. Le logement des troupes, en cas de passage, de rassemblement, de détachement ou de cantonnement, donnera droit à l'indemnité, conformément à l'article 2 ci-dessus, sauf les exceptions suivantes :

1° Le logement des troupes de passage chez l'habitant ou leur cantonnement pour une durée maximum de trois nuits dans chaque mois, ladite durée s'appliquant indistinctement au séjour d'un seul corps ou de corps différents chez les mêmes habitants;

2° Le cantonnement des troupes qui manœuvrent;

3° Le logement chez l'habitant ou le cantonnement des troupes rassemblées dans les lieux de mobilisation et leurs dépendances pendant la période de mobilisation, dont un décret fixe la durée.

Art. 16. En toutes circonstances, les troupes auront droit, chez l'habitant, au feu et à la chandelle.

Art. 17. Dans tous les cas où les troupes seront gratuitement logées chez l'habitant, ou cantonnées, le fumier provenant des animaux appartiendra à l'habitant. Dans tous les cas où le logement chez l'habitant et le cantonnement donneront droit à une indemnité, le fumier restera la propriété de l'Etat et son prix pourra être déduit du montant de ladite indemnité, avec le consentement de l'habitant.

Art. 18. Un règlement d'administration publique fixera les détails d'exécution du logement des troupes en dehors des bâtiments militaires, notamment les conditions du logement attribué aux militaires de chaque grade.

Il déterminera, en outre, le prix de la journée de logement ou de cantonnement pour les hommes ou les animaux et le prix de la journée de fumier.

TITRE IV.

De l'exécution des réquisitions.

Art. 19. Toute réquisition doit être adressée à la commune; elle est notifiée au maire. Toutefois, si aucun membre de la municipalité ne se trouve au siège de la commune, ou si une réquisition urgente est nécessaire sur un point éloigné du siège de la commune et qu'il soit impossible de la notifier régulièrement, la réquisition peut être adressée directement par l'autorité militaire aux habitants.

Les réquisitions exercées sur une commune ne doivent porter que sur les ressources qui y existent, sans pouvoir les absorber complètement.

Art. 20 (1). Le maire assisté, sauf le cas de force majeure ou d'extrême urgence, de quatre membres du conseil municipal appelés dans l'ordre du tableau, répartit les prestations exigées entre les habitants et les contribuables, alors même que ceux-ci n'habitent pas la commune et n'y sont pas représentés.

---

(1) Nouvelle rédaction. (Loi du 27 mars 1906.)

Cette répartition est obligatoire pour tous ceux qui y sont compris.

Il est délivré par le maire, à chacun d'eux, un reçu des prestations fournies.

Le maire prendra les mesures nécessitées par les circonstances, pour que, dans le cas d'absence de tout habitant ou contribuable, la répartition, en ce qui le concerne, soit effective.

Au lieu de procéder par voie de répartition, le maire, assisté comme il est dit ci-dessus, peut, au compte de la commune, pourvoir directement à la fourniture et à la livraison des prestations requises; les dépenses qu'entraîne cette opération sont imputées sur les ressources générales du budget municipal, sans qu'il soit besoin d'autorisation spéciale.

Dans les cas prévus par le premier paragraphe de l'article 19, ou lorsque les prestations requises ne sont pas fournies dans les délais prescrits, l'autorité militaire fait d'office la répartition entre les habitants.

Art. 21. Dans le cas de refus de la municipalité, le maire, ou celui qui en fait fonctions, peut être condamné à une amende de vingt-cinq à cinq cents francs (25 à 500 fr.).

Si le fait provient du mauvais vouloir des habitants, le recouvrement des prestations est assuré, au besoin, par la force ; en outre, les habitants qui n'obtempèrent pas aux ordres de réquisition sont passibles d'une amende qui peut s'élever au double de la valeur de la prestation requise.

En temps de paix, quiconque abandonne le service pour lequel il est requis personnellement est passible d'une amende de seize à cinquante francs (16 à 50 fr.).

En temps de guerre, et par application des dispositions portées à l'article 62 du Code de justice militaire, il est traduit devant le conseil de guerre et peut être condamné à la peine de l'emprisonnement de six jours à cinq ans, dans les termes de l'article 194 du même Code.

Art. 22 (1). Toute personne qui, en matière de réquisitions, abuse des pouvoirs qui lui sont conférés, ou qui refuse de donner reçu des quantités fournies, est punie de la peine de

(1) Nouvelle rédaction des deux premiers paragraphes. (Loi du 27 mars 1906.)

l'emprisonnement, dans les termes de l'article 194 du Code de justice militaire ; tout militaire qui exerce des réquisitions sans avoir qualité pour les faire est puni, si ces réquisitions sont faites sans violence, conformément au cinquième paragraphe de l'article 248 du Code de justice militaire.

Si ces réquisitions sont exercées avec violence, le coupable est puni conformément à l'article 250 du même Code.

Le tout sans préjudice des restitutions auxquelles il peut être condamné.

Art. 23. Dans les eaux maritimes, les propriétaires, capitaines ou patrons de navires, bateaux et embarcations de toute nature sont tenus, sur réquisition, de mettre ces navires, bateaux ou embarcations à la disposition de l'autorité militaire, qui a le droit d'en disposer dans l'intérêt de son service et qui peut également requérir le personnel en tout ou en partie.

Ces réquisitions se font par l'intermédiaire de l'administration de la marine, sur les points du littoral où elle est représentée.

TITRE V.

Du règlement des indemnités.

Art. 24. Lorsqu'il y a lieu, par application de l'article 1er de la présente loi, de requérir des prestations pour les besoins de l'armée, le Ministre de la guerre nomme, dans chaque département où peuvent être exercées des réquisitions, une commission chargée d'évaluer les indemnités dues aux personnes et aux communes qui ont fourni des prestations.

Un règlement d'administration publique déterminera la composition et le fonctionnement de cette commission, qui devra comprendre des membres civils et des membres militaires, en assurant la majorité à l'élément civil.

Art. 25. Le maire de chacune des communes où il a été exercé des réquisitions adresse, dans le plus bref délai, à la commission, avec une copie de l'ordre de réquisition, un état nominatif contenant l'indication de toutes les personnes qui ont fourni des prestations, avec la mention des quantités livrées, des prix réclamés par chacune d'elles et de la date des réquisitions.

L'autorité militaire fixe, sur la proposition de la commission, l'indemnité qui est allouée à chacun des intéressés.

Art. 26. Dans les trois jours de la proposition de la commission, les décisions de l'autorité militaire sont adressées au maire et notifiées administrativement par lui à chacun des intéressés ou à leur résidence habituelle, dans les vingt-quatre heures de la réception.

Dans un délai de quinze jours, à partir de cette notification, ceux-ci doivent faire connaître au maire s'ils acceptent ou refusent l'allocation qui leur est faite.

Faute par eux d'avoir fait connaître leur refus dans ce délai, les allocations sont considérées comme définitives. Le refus sera motivé et indiquera la somme réclamée.

Il est transmis par le maire au juge de paix du canton, qui en donne connaissance à l'autorité militaire et envoie de simples avertissements, sans frais, pour une date aussi prochaine que possible, à l'autorité militaire et au réclamant.

En cas de non-conciliation, il peut prononcer immédiatement ou ajourner les parties pour être jugées dans le plus bref délai.

Il statue en dernier ressort jusqu'à une valeur de deux cents francs (200 fr). inclusivement, et en premier ressort jusqu'à quinze cents francs (1.500 fr.) inclusivement. Au-dessus de ce chiffre, l'affaire sera portée devant le tribunal de première instance.

Dans tous les cas, le jugement sera rendu comme en matière sommaire.

Art. 27. Après l'expiration du délai fixé par le deuxième paragraphe de l'article précédent, le maire dresse l'état des allocations devenues définitives par l'acceptation ou le silence des intéressés.

Le montant des allocations portées sur ce tableau est mandaté collectivement, au nom de la commune, par les soins de l'intendance.

Le mandat doit être payé comptant.

En temps de guerre, le paiement peut être fait en bons du Trésor, portant intérêt à 5 p. 100 du jour de la livraison.

Art. 28. Aussitôt après le paiement du mandat ou l'échéance du bon du Trésor, le maire est tenu de mandater et le receveur municipal est tenu de payer à chaque indemnitaire la somme qui lui revient.

TITRE VI.

Des réquisitions relatives aux chemins de fer.

Art. 29. Dans les cas prévus par l'article 1er de la présente loi, les compagnies de chemins de fer sont tenues de mettre à la disposition du Ministre de la guerre toutes les ressources en personnel et matériel qu'il juge nécessaires pour assurer les transports militaires. Le personnel et le matériel ainsi requis peuvent être indifféremment employés sans distinction de réseau sur toutes les lignes dont il peut être utile de se servir, tant en deçà qu'au delà de la base d'opérations.

Art. 30. L'autorité militaire peut aussi se faire livrer par les compagnies, sur réquisition, et au prix de revient, le combustible, les matières grasses et autres objets qui seront nécessaires pour le service des chemins de fer en campagne.

Art. 31. Les dépendances des gares et de la voie, y compris les bureaux et fils télégraphiques des compagnies, qui peuvent être nécessaires à l'administration de la guerre, doivent également être mis, sur réquisition, à la disposition de l'autorité militaire.

Les réquisitions seront adressées par l'autorité militaire aux chefs de gare.

Art. 32. Les réquisitions prévues par les articles 29, 30 et 31 de la présente loi, sont exercées conformément aux articles 22 et suivants de la loi du 13 mars 1875 (1), et donnent lieu à des indemnités qui seront déterminées par un règlement d'administration publique.

Art. 33. En temps de guerre, les transports commerciaux cessent de plein droit sur les lignes ferrées situées au delà de la station de transition fixée sur la base d'opérations.

Cette suppression ne donne lieu à aucune indemnité.

Art. 34. Les communes ne peuvent comprendre, dans la répartition des prestations qu'elles sont requises de fournir, aucun objet appartenant aux compagnies de chemins de fer.

---

(1) Articles modifiés par la loi du 28 décembre 1888.

TITRE VII.

Des réquisitions de l'autorité maritime.

Art. 35 (1). Les dispositions de la présente loi sont applicables, en tout temps et en tout lieu, aux réquisitions exercées pour les besoins de l'armée de mer.

Un règlement d'administration publique déterminera les attributions de l'autorité maritime, ou de toute autre autorité française qu'elle déléguerait, en ce qui concerne le droit de requérir et les conditions d'exécution des réquisitions.

TITRE VIII.

Dispositions relatives aux chevaux, mulets et voitures nécessaires à la mobilisation.

Art. 36 (2). L'autorité militaire a le droit d'acquérir par voie de réquisition, pour compléter et entretenir l'armée au pied de guerre, des chevaux, juments, mulets et mules, et des voitures attelées ou non.

Art. 37 (2). Tous les ans, du 1er au 16 janvier, a lieu dans chaque commune, sur la déclaration obligatoire des propriétaires, et au besoin d'office, par les soins du maire, le recensement des chevaux, juments, mulets et mules susceptibles d'être requis en raison de l'âge qu'ils ont eu au 1er janvier, c'est-à-dire 5 ans et au-dessus pour les chevaux et juments, 3 ans et au-dessus pour les mulets et mules.

L'âge se compte à partir du 1er janvier de l'année de la naissance.

Tous les trois ans, du 1er au 16 janvier, a lieu, dans chaque commune et de la même manière que ci-dessus, le recensement des voitures attelées ou destinées à être attelées de chevaux ou de mulets, autres que celles qui sont exclusivement affectées au transport des personnes.

Art. 38. Chaque année, le Ministre de la guerre peut faire

---

(1) Nouvelle rédaction. (Loi du 17 juillet 1898.)
(2) Nouvelle rédaction. (Loi du 27 mars 1906.)

procéder, du 16 janvier au 1er mars, ou du 15 avril au 15 juin, à l'inspection et au classement des chevaux, juments, mulets ou mules, recensés ou non, ayant l'âge fixé à l'article précédent (1).

La même opération peut être faite, aux mêmes époques, dans l'année du recensement pour les voitures attelées ou non (1).

L'inspection et le classement ont lieu en temps de paix, dans chaque commune, à l'endroit désigné à l'avance par l'autorité militaire, en présence du maire ou de son suppléant légal.

Il y est procédé par des commissions mixtes, désignées dans chaque région par le général commandant le corps d'armée, et composées chacune d'un officier président et ayant voix prépondérante en cas de partage, d'un membre civil choisi dans la commune, ayant voix délibérative, et d'un vétérinaire militaire ou d'un vétérinaire civil, ou, à défaut, d'une personne compétente désignée par le maire, ayant voix consultative.

Il ne sera pas alloué d'indemnité au membre civil de ladite commission.

Art. 39. Les animaux reconnus propres à l'un des services de l'armée sont classés suivant les catégories établies au budget pour les achats annuels de la remonte, les chevaux d'officiers formant dans chaque catégorie des chevaux de selle une classe à part.

Art. 40. Sont exemptés de la réquisition en cas de mobilisation et ne sont pas portés sur la liste de classement par catégories :

1° Les chevaux appartenant au Chef de l'Etat ;

2° Les chevaux dont les fonctionnaires sont tenus d'être pourvus pour leur service;

3° Les chevaux entiers approuvés ou autorisés pour la reproduction ;

4° Les juments en état de gestation constatée, ou suitées d'un poulain, ou notoirement reconnues comme consacrées à la reproduction ;

5° Les chevaux et juments n'ayant pas atteint l'âge de 5 ans, les mulets et mules l'âge de 3 ans, au 31 décembre de l'année qui précède la réquisition (1).

6° Les chevaux de l'administration des postes, ou ceux qu'elle entretient pour son service par des contrats particuliers ;

---

(1) Nouvelle rédaction. (Loi du 27 mars 1906.)

7° Les chevaux indispensables pour assurer le service des administrations publiques et ceux affectés au transport de matériel nécessité par l'exploitation des chemins de fer. Ces derniers peuvent toutefois être requis au même titre que les voies ferrées elles-mêmes, conformément aux dispositions de l'article 29 de la présente loi.

Art. 41 (1). Les voitures recensées sont présentées, attelées ou non, aux commissions mixtes qui arrêtent leur classement ainsi que celui des harnais. A l'issue de ce classement, il est procédé, en présence de la commission, à un tirage au sort qui règle l'ordre d'appel des voitures en cas de mobilisation.

Art. 42. Sont exemptées de la réquisition, en cas de mobilisation, et ne sont pas portées sur la liste de classement par catégorie, les voitures indispensables pour assurer le service des administrations publiques et celles affectées aux tranports de matériel nécessités par l'exploitation des chemins de fer. Ces dernières peuvent, toutefois, être requises au même titre que les voies ferrées elles-mêmes, conformément aux dispositions de l'article 29 de la présente loi.

Art. 43. Un tableau certifié par le président de la commission mixte et par le maire, indiquant pour chaque commune le signalement des animaux classés, ainsi que le nom de leurs propriétaires, est adressé au bureau de recrutement du ressort.

Un double de ce tableau reste déposé à la mairie jusqu'au classement suivant.

Il est dressé de la même manière un tableau de classement des voitures en double expédition; les numéros de tirage y sont inscrits.

Art. 44. Le contingent des animaux à fournir en cas de mobilisation, dans chaque région, pour compléter et entretenir au pied de guerre les troupes qui y sont stationnées, est fixé par le Ministre de la guerre, d'après les ressources constatées au classement pour chaque catégorie.

Ce contingent est réparti, dans la région, par l'autorité militaire, de manière à égaliser les charges provenant des réquisi-

---

(1) Nouvelle rédaction. (Loi du 27 mars 1906.)

tions prévues pour les besoins successifs de l'armée. Toutefois, cette répartition n'est notifiée qu'en cas de mobilisation.

L'insuffisance des ressources dans un corps d'armée sera compensée, sur l'ordre du Ministre de la guerre, par l'excédent d'un autre corps d'armée.

Les mêmes dispositions sont applicables aux voitures attelées ou non (1).

Art. 45. Dès la réception de l'ordre de mobilisation, le maire est tenu de prévenir les propriétaires que : 1° tous les animaux classés présents dans la commune ; 2° tous ceux qui y ont été introduits depuis le dernier classement, et qui ne sont pas compris dans les cas d'exemption prévus par l'article 40 ; 3° tous ceux qui ont atteint l'âge légal depuis le dernier classement ; 4° (1) tous ceux enfin qui, pour un motif quelconque, n'auraient pas été déclarés au recensement, ni présentés au dernier classement, bien qu'ils eussent l'âge légal, doivent être conduits, aux jour et heure fixés pour chaque commune, au point indiqué par l'autorité militaire.

Le maire prévient également les propriétaires des voitures attelées ou non d'après les numéros de tirage portés sur le dernier état de classement, suivant la demande de l'autorité militaire, d'avoir à les conduire au même point de rassemblement.

Les animaux doivent avoir leur ferrure en bon état, un bridon et un licol pourvu d'une longe.

Art. 46. Des commissions mixtes, désignées par l'autorité militaire, procèdent audit point, à la réquisition, par commune, des animaux amenés et opèrent le classement non encore fait de ceux qui se trouvent compris dans les cas spéciaux indiqués à l'article précédent (1).

Si le nombre des animaux présentés à la commission est supérieur au chiffre à requérir dans la catégorie, il est procédé à un tirage au sort pour déterminer l'ordre dans lequel ils seront appelés.

Art. 47 (1). Le propriétaire d'un animal compris dans le contingent a le droit de présenter à la commission mixte et de faire

---

(1) Nouvelle rédaction. (Loi du 27 mars 1906.)

inscrire à sa place un autre animal non compris dans le contingent, mais appartenant à la même catégorie et à la même classe dans la catégorie.

Art. 48. Après avoir statué sur tous les cas de réforme, de remplacement ou d'ajournement demandé pour cause de maladie, la commission de réception, en présence des maires ou de leurs suppléants légaux, prononce la réquisition des animaux nécessaires pour la mobilisation.

Elle procède également à la réception des voitures attelées ou non (1).

Elle fixe le prix des voitures et des harnais d'après les prix courants du pays.

Les animaux qui attellent les voitures admises entrent en déduction du contingent requis en vertu du présent article et sont payés conformément à l'article 49 ci-après.

Art. 49 (1). Sauf l'exception prévue par le paragraphe 5 ci-après, les prix des animaux requis sont déterminés à l'avance et fixés, d'une manière absolue, d'après leur catégorie et leur âge.

A cet effet, dans chaque catégorie, les animaux sont répartis en trois séries : la première, comprenant les animaux au-dessous de 10 ans ; la deuxième, ceux de 10, 11 et 12 ans ; la troisième, ceux ayant 13 ans et au-dessus.

Les prix attribués, dans chaque catégorie, aux animaux âgés de moins de 10 ans, sont fixés aux chiffres portés au budget de l'année, sans aucune majoration ni déduction.

Les déductions à opérer, pour les animaux d'une même catégorie, en raison de leur âge, seront déterminées par un règlement d'administration publique.

La commission de réquisition pourra fixer exceptionnellement un prix supérieur au prix budgétaire pour les animaux qui, de l'avis unanime de ses membres et du vétérinaire qui l'assiste, auraient une valeur notablement supérieure à ce prix.

Toutefois, la majoration ne dépassera pas le quart du prix budgétaire.

---

(1) Nouvelle rédaction. (Loi du 27 mars 1906.)

Art. 50. Les propriétaires des animaux, voitures ou harnais requis reçoivent sans délai des mandats, en représentant le prix et payables à la caisse du receveur des finances le plus à proximité.

Art. 51. Les propriétaires qui, aux termes de l'article 45, n'auront pas conduit leurs animaux classés ou susceptibles de l'être, leurs voitures attelées ou non désignées par l'autorité militaire, au lieu indiqué pour la réquisition, sans motifs légitimes admis par la commission de réception, sont déférés aux tribunaux, et, en cas de condamnation, frappés d'une amende égale à la moitié du prix d'achat fixé, pour la catégorie à laquelle appartiennent les animaux, ou à la moitié du prix moyen d'acquisition des voitures ou harnais dans la région (1).

Néanmoins, la saisie et la réquisition pourront être exécutées immédiatement, et sans attendre le jugement, à la diligence du président de la commission de réception ou de l'autorité militaire.

Art. 51 *bis* (2). Les commissions mixtes statuent définitivement sur les réclamations ou excuses qui peuvent être présentées par les propriétaires des chevaux, juments, mulets et mules et voitures attelées ou non.

Réciproquement, aucun recours n'est ouvert à l'administration contre leurs décisions.

Art. 52. Les maires ou les propriétaires de chevaux, juments, mulets ou mules, de voitures ou de harnais, qui ne se conforment pas aux dispositions du titre VIII de la présente loi, sont passibles d'une amende de vingt-cinq à mille francs (25 à 1.000 fr.). Ceux qui auront fait sciemment de fausses déclarations seront frappés d'une amende de cinquante à deux mille francs (50 à 2.000 fr.).

Art. 53. Lorsque l'armée sera replacée sur le pied de paix, les anciens propriétaires des animaux requis pourront les réclamer, sauf restitution du prix intégral de paiement et sous réserve de les rechercher eux-mêmes dans les rangs de l'armée, et d'aller les prendre à leurs frais au lieu de garnison des corps ou de l'officier détenteur.

---

(1) Nouvelle rédaction. (Loi du 27 mars 1906.)
(2) Article nouveau. (Loi du 27 mars 1906.)

TITRE IX (1).

Dispositions spéciales aux grandes manœuvres et aux exercices de tir.

Art. 54. Des indemnités seront allouées en cas de dégâts matériels causés aux propriétés des particuliers ou des communes par le passage ou le stationnement des troupes, dans les marches, manœuvres, et opérations d'ensemble prévues par l'article 28 de la loi du 24 juillet 1873.

Ces indemnités doivent, à peine de déchéance, être réclamées par les ayants droit à la mairie de la commune, dans les trois jours qui suivent le passage ou le départ des troupes.

Une commission attachée à chaque corps ou fraction de corps d'armée opérant isolément procède à l'évaluation des dommages : si cette évaluation est acceptée, le montant de la somme fixée est payée sur-le-champ.

En cas de désaccord, la contestation est introduite et jugée comme il est dit à l'article 26.

Un règlement d'administration publique déterminera la composition et le mode de fonctionnement de la commission.

Art. 55. Des indemnités seront allouées en cas de dommages causés, soit par dégâts matériels, soit par privation de jouissance, aux propriétés privées occupées par les troupes ou interdites aux habitants à l'occasion des exercices de tir prévus par l'article 28 de la loi du 24 juillet 1873. L'évaluation et le mode de paiement de ces indemnités auront lieu conformément aux règles posées dans les deuxième, troisième et quatrième paragraphes de l'article 54 précédent, et dans les conditions qui seront déterminées par un règlement d'administration publique.

Toutes les fois qu'un chemin vicinal ou rural reconnu, entretenu à l'état de viabilité par une commune, sera habituellement ou temporairement dégradé, soit par l'exécution des tirs, soit par les charrois qu'ils occasionnent, il pourra y avoir lieu à des subventions spéciales dont la quotité sera proportionnée à la dégradation extraordinaire qui devra être attribuée aux causes sus-indiquées. Ces dégradations seront constatées et les subven-

---

(1) Nouvelle rédaction (loi du 23 juillet 1911).

tions réglées dans les conditions prévues aux articles 14 de la loi du 21 mai 1836 et 11 de la loi du 20 août 1881.

Quiconque séjournera ou pénètrera dans les terrains interdits par les consignes des champs de tir, ou y laissera séjourner ou y fera pénétrer des bestiaux ou bêtes de trait, de charge ou de monture, sera passible des peines prévues par l'article 474, n° 15, du Code pénal et pourra, en outre, être déchu de tout droit à indemnité en cas d'accident.

TITRE X

Des réquisitions relatives aux voies navigables.

Art. 56. En cas de mobilisation partielle ou totale de l'armée, l'exploitation des voies navigables, désignées par le Ministre de la guerre se fait sous la direction de l'autorité militaire, par les services de navigation ou par des troupes spéciales.

Sur les voies ainsi désignées, et sans préjudice des réquisitions qui peuvent être adressées par l'intermédiaire des maires, par application des articles 4 et 19 de la présente loi, peuvent être requis directement, sous forme, soit de prestations, soit d'acquisitions, les bateaux de toute nature, chargés ou non, les équipages et, en général, le personnel, le matériel et les fournitures de toute nature, nécessaires à ladite exploitation; peuvent aussi être requis directement : les chargements des bateaux, ainsi que les marchandises déposées sur les ports et dépendances desdites voies.

Lorsque les propriétaires des bateaux, embarcations ou marchandises réquisitionnés ne seront pas sur les lieux ou n'y seront pas représentés, les notifications prévues à l'article 26 de la présente loi seront valablement adressées au patron du bateau, constitué, à cet effet, mandataire légal des ayants droit pour tout ce qui concerne le règlement des indemnités, jusques et non compris le paiement.

Les indemnités auxquelles donnent lieu les réquisitions directes prévues au présent article sont évaluées par des commissions dont le ressort et le siège sont déterminés par le Ministre de la guerre. Chaque commission devra comprendre des membres civils et des membres militaires, en assurant la majorité à l'élément civil. Si l'intéressé n'accepte pas l'indemnité qui sera fixée par l'autorité militaire, il est statué par le juge de paix ou le tribunal du siège de la commission dans les conditions prévues aux deux derniers alinéas de l'article 26.

Un règlement d'administration publique déterminera le mode d'exercice des réquisitions directes prévues au présent article, ainsi que leur condition d'exécution et le mode de paiement des indemnités auxquelles elles donnent droit.

Les transports commerciaux et toute circulation cessent de plein droit sur les voies exploitées sous la direction de l'autorité militaire, sauf à être repris au moment et dans la mesure que fixe le Ministre de la guerre : cette suppression ne donne lieu à aucune indemnité.

TITRE XI.

Des réquisitions relatives aux mines de combustibles.

Art. 57. En cas de mobilisation partielle ou totale de l'armée, les exploitants de mines de combustibles sont tenus, sous la surveillance des ingénieurs de l'État, de mettre à la disposition du Ministre de la guerre, et dans les délais fixés par lui, les ressources en combustibles extraits ou à extraire, en coke et agglomérés fabriqués ou à fabriquer, nécessaires pour le service des armées ou de la flotte, les établissements de la guerre ou de la marine, les transports militaires et les approvisionnements des places de guerre. Les quantités requises doivent être livrées sur wagons ou bateaux aux gares ou aux ports d'expédition désignés dans l'ordre de réquisition; toutefois, quand les moyens de transport font défaut, elles sont mises en stock par les soins et aux risques et périls de l'exploitant, pour livraison ultérieure.

Aucun exploitant ne peut, sans y être autorisé, faire des livraisons à des tiers, tant que dure la réquisition.

L'effet d'un ordre de réquisition peut cesser sans indemnité, en ce qui concerne les quantités non encore extraites ou fabriquées, quarante-huit heures après notification signifiée à l'exploitant.

S'il est nécessaire, pour assurer l'exécution d'un ordre de réquisition, de compléter les approvisionnements de l'exploitant, il peut y être pourvu par voie de réquisition.

En cas d'inexécution, par mauvais vouloir, des ordres de réquisition, qui leur ont été adressés, les exploitants sont passibles d'une amende qui peut s'élever au double de la valeur de la prestation requise. Il peut, en outre, être procédé à la prise de possession de la mine sur l'ordre du Ministre de la guerre, qui en assure l'exploitation par les soins des ingénieurs de l'Etat jusqu'à ce qu'elle ait fourni les quantités requises.

Dans le cas de contravention aux dispositions du deuxième alinéa du présent article, la peine encourue sera celle de la confiscation des combustibles indûment livrés à des tiers et d'une amende égale au double de la valeur commerciale de ces combustibles.

Les indemnités auxquelles donnent lieu les réquisitions de combustibles ou d'exploitation prévues au présent article sont évaluées par une commission nommée par le Ministre de la guerre, dans chaque arrondissement minéralogique. La commission devra comprendre des membres civils et des membres militaires, en assurant la majorité à l'élément civil.

Si l'intéressé n'accepte pas l'indemnité qui sera fixée par le Ministre de la guerre, il est statué par le Conseil d'Etat au contentieux.

Un règlement d'administration publique déterminera le mode d'exercice des réquisitions prévues au présent article, ainsi que leurs conditions d'exécution et le mode de paiement des indemnités auxquelles elles donnent lieu.

TITRE XII.

Des réquisitions relatives aux établissements industriels.

Art. 58. En cas de mobilisation partielle ou totale de l'armée, les exploitants d'établissements industriels peuvent être tenus, sur réquisition directe, de mettre à la disposition de l'autorité militaire toutes les ressources de leur exploitation en personnel, matériel, matières premières et produits, et d'effectuer les productions, fabrications et réparations exigées pour le service des armées et de la flotte, les établissements de la guerre et de la marine, et les approvisionnements des places de guerre.

Par dérogation aux dispositions de l'article 19 de la présente loi, les réquisitions sont adressées, par l'autorité militaire, à l'exploitant ou à son représentant.

Aussi longtemps que durera la réquisition, aucun exploitant ne peut, sans y être autorisé, faire à des tiers des livraisons de matières, produits et objets de la nature de ceux qui ont été réquisitionnés.

En cas d'insuffisance des moyens de production, l'autorité militaire peut, sur nouvelle réquisition, procéder à la prise de possession partielle ou totale des établissements industriels et en assurer l'exploitation par ses propres moyens.

Dans ce cas, et avant tout prise de possession, il est procédé immédiatement, en présence de l'exploitant, ou lui dûment appelé, à l'inventaire descriptif du matériel, des approvisionnements et des stocks de l'établissement. Pendant la durée de l'exploitation par l'autorité militaire, l'industriel est autorisé à suivre les opérations sans qu'il puisse, toutefois, entraver l'exploitation.

Les indemnités auxquelles donnent lieu les réquisitions d'exploitations industrielles ou de prise de possession d'établissements, prévues au présent article, sont évaluées par des commissions dont le ressort et le siège sont déterminés par le Ministre de la guerre. Chaque commission est composée de membres civils et de membres militaires, le nombre des membres civils étant supérieur à celui des membres militaires. Si l'intéressé n'accepte pas l'indemnité fixée par l'autorité militaire, il est statué par la juridiction de droit commun.

En cas d'inexécution, par mauvais vouloir, des ordres de réquisition qui leur ont été adressés, les exploitants sont passibles d'une amende qui peut s'élever au double de la prestation requise. Dans le cas de contravention au troisième alinéa du présent article, la peine encourue sera celle de la confiscation des matières, produits et objets indûment livrés à des tiers, et d'une amende égale au double de leur valeur commerciale.

Un règlement d'administration publique déterminera le mode d'exercice des réquisitions directes prévues au présent article, ainsi que leurs conditions d'exécution et le mode de paiement des indemnités auxquelles elles donnent droit.

Les mines de minerai utilisables par des établissements industriels réquisitionnés ou par des établissements militaires pourront faire l'objet de réquisitions dans les conditions prévues au titre XI pour les mines de combustibles.

TITRE XIII.

Réquisition des marchandises déposées dans les entrepôts de douane et dans les magasins généraux, ou en cours de transport par la voie ferrée.

Art. 59. En cas de mobilisation partielle ou totale de l'armée, peuvent être réquisitionnées directement les marchandises déposées dans les entrepôts de douane et dans les magasins généraux, ainsi que celles en cours de transport par voie ferrée.

L'ordre de réquisition sera valablement adressé au gérant de l'entrepôt ou du magasin général, ou à la compagnie de chemins de fer, constitués, à cet effet, représentants légaux des ayants droit, et les notifications relatives aux indemnités seront adressées à ces ayants droit eux-mêmes.

Les indemnités auxquelles donnent lieu les réquisitions directes prévues au présent article sont évaluées par la commission départementale instituée par l'article 24 de la présente loi.

En cas de non-acceptation des indemnités fixées par l'autorité militaire, il sera statué, dans les conditions prévues aux deux derniers alinéas de l'article 26, par le juge de paix ou le tribunal du lieu où s'est opérée la réquisition.

L'exécution de la réquisition déliera l'entrepôt de douane, le magasin général ou la compagnie de chemins de fer de leurs engagements comme dépositaires ou transporteurs, et les intéressés auront, sur le paiement des indemnités, les mêmes droits et privilèges que sur les marchandises et objets réquisitionnés.

Un règlement d'administration publique déterminera le mode d'exercice des réquisitions directes prévues au présent article et les règles à suivre pour l'évaluation des indemnités, leur notification et leur paiement.

TITRE XIV.

Dispositions communes aux titres X à XIII.

Art. 60. Dans les cas prévus à l'article 56, le personnel occupé ou appelé à être occupé à l'exploitation des voies navigables, placées sous l'autorité militaire, est réputé individuellement requis et passible, à ce titre, des peines portées aux paragraphes 3 et 4 de l'article 21 de la présente loi, s'il refuse, ou abandonne, sans motif légitime, le service ou le travail qui lui est assigné; il en est de même dans les cas prévus aux articles 57 et 58 pour le personnel des mines et des établissements industriels réquisitionnés et de leurs dépendances.

Art. 61. Les communes ne peuvent comprendre, dans la répartition des prestations qu'elles sont requises de fournir, aucun objet appartenant aux exploitants des mines de combustibles ou d'établissements industriels et utilisé pour leur exploitation ni aucun objet se trouvant, soit sur les voies navigables désignées pour servir aux transports militaires ou sous leurs dépendances, soit dans les entrepôts de douane et dans les magasins généraux, soit en cours de transport par voie ferrée.

Dispositions générales.

Art. 62. Tous les avertissements et autres actes qu'il sera nécessaire de signifier à l'autorité militaire, pour l'exécution de la présente loi, le seront à la mairie du chef-lieu de canton.

Art. 63. Sont abrogées toutes les dispositions antérieures relatives aux réquisitions militaires, et notamment le titre V de la loi du 10 juillet 1791, et les lois des 26 avril, 23 mai, 2 septembre et 13 décembre 1792, 19 brumaire an III, 28 juin 1815; les décrets des 11, 22 et 28 novembre 1870, la loi du 1er août 1874 et, d'une manière générale, toutes les dispositions contraires à la présente loi.

Décret portant règlement d'administration publique pour l'exécution de la loi sur les réquisitions militaires (1).

Paris, le 2 août 1877.

Le Président de la République française,

Sur le rapport des Ministres de la guerre et de la marine et des colonies ;

Vu la loi du 3 juillet 1877, sur les réquisitions militaires, et notamment les articles 4, 18, 24, 32, 35 et 54, qui renvoient à un règlement d'administration publique les dispositions propres à assurer l'exécution de ladite loi ;

Le Conseil d'Etat entendu,

Décrète :

TITRE PREMIER.

Conditions générales dans lesquelles s'exerce le droit de réquisition.

Art. 1er. En cas de mobilisation totale de l'armée, l'autorité militaire peut user du droit de requérir les prestations nécessaires à l'armée, depuis le jour de la mobilisation jusqu'au moment où l'armée est remise sur le pied de paix.

Art. 2. En cas de mobilisation partielle ou de rassemblement de troupes, pour quelque cause que ce soit, des arrêtés du Ministre de la guerre déterminent l'époque où pourra commencer et celle où devra se terminer l'exercice du droit de réquisition, ainsi que les portions de territoire où le droit de réquisition pourra être exercé.

Ces arrêtés sont publiés dans les communes.

Art. 3. Lorsque la mobilisation totale est ordonnée, les géné-

(1) Mis à jour par l'incorporation dans le texte des modifications qui y ont été apportées par les décrets des 23 novembre 1886, 3 juin 1890, 8 mai 1900, 28 août 1907 et 13 novembre 1907.

raux commandant des armées, des corps d'armée, des divisions ou des troupes ayant une mission spéciale peuvent de plein droit exercer des réquisitions.

Ils peuvent déléguer le droit de requérir aux fonctionnaires de l'intendance ou aux officiers commandant des détachements.

Art. 4. En cas de mobilisation partielle ou de rassemblement de troupes, la faculté d'exercer des réquisitions, dans les limites prévues à l'article 2 du présent décret, n'appartient de plein droit qu'aux généraux commandant les corps d'armée mobilisés ou les rassemblements de troupes.

Le droit de requérir peut être délégué par eux aux fonctionnaires de l'intendance ou aux officiers commandant des détachements.

Art. 5. Les ordres de réquisition sont détachés d'un carnet à souche qui est remis à cet effet entre les mains des officiers appelés à exercer des réquisitions.

Art. 6. Les généraux désignés dans les articles 3 et 4 du présent décret peuvent remettre aux chefs de corps ou de service des carnets à souche d'ordres de réquisition contenant délégation du droit de requérir, pour être délivrés par ces chefs de corps ou de service aux officiers sous leurs ordres qui pourraient être éventuellement appelés à exercer des réquisitions.

Art. 7. Les reçus délivrés par les officiers chargés de la réception des prestations fournies sont extraits d'un carnet à souche qui est fourni par l'autorité militaire, comme les carnets d'ordres de réquisition.

Art. 8. Exceptionnellement, et seulement en temps de guerre, tout commandant de troupe ou chef de détachement opérant isolément peut, même sans être porteur d'un carnet de réquisitions, requérir, sous sa responsabilité personnelle, les prestations nécessaires aux besoins journaliers des hommes et des chevaux placés sous ses ordres.

Art. 9. Les réquisitions ainsi exercées sont toujours faites par écrit et signées ; elles sont établies en double expédition, dont l'une reste entre les mains du maire et l'autre est adressée immédiatement, par la voie hiérarchique, au général commandant le corps d'armée. Il est donné reçu des prestations fournies.

Art. 10. Lorsque, par application des dispositions contenues dans l'article 7 de la loi du 3 juillet 1877, modifié par la loi du 5 mars 1890, il y a lieu de pourvoir par voie de réquisition à la formation des approvisionnements nécessaires à la subsistance des habitants d'une place de guerre, le gouverneur peut déléguer le droit de requérir les prestations destinées à la formation de ces approvisionnements aux préfets, sous-préfets et maires appelés à participer aux opérations du ravitaillement.

La même délégation peut être donnée pour le même objet aux ingénieurs des corps des ponts et chaussées et des mines.

Il est délivré, par l'intermédiaire des préfets, aux autorités civiles investies du droit de requérir, des carnets à souche d'ordres de réquisition et de reçus.

Le gouverneur doit indiquer d'une manière spéciale, dans la délégation, la nature et l'importance des prestations qui font l'objet des réquisitions.

Le droit de requérir, en cas de mobilisation seulement, peut être délégué par l'autorité militaire aux ingénieurs de la navigation et aux ingénieurs des mines pour l'exécution des articles 56 et 57 de la loi du 3 juillet 1877, modifiés par les lois des 27 mars 1906 et 23 juillet 1911, visant respectivement les réquisitions relatives aux voies navigables et celles relatives aux mines de combustibles.

Les réquisitions prévues aux articles 58 et 59 de la loi du 3 juillet 1877, modifiés par les lois du 27 mars 1906 et du 23 juillet 1911, et relatifs l'un à la réquisition des établissements industriels et l'autre à la réquisition des marchandises déposées dans les entrepôts de douane, dans les magasins généraux ou en cours de transport par voie ferrée sont exercées par les autorités déléguées par le Ministre.

Il est délivré des carnets à souche d'ordre de réquisition et de reçus aux fonctionnaires et aux autorités investies par application des deux paragraphes précédents du droit de requérir en cas de mobilisation totale ou partielle.

Le droit de requérir, en cas de mobilisation seulement, peut être délégué par les généraux commandants de corps d'armée aux présidents de commissions de réception du service de ravitaillement instituées sur le territoire de leur commandement.

Il est délivré, aux présidents des commissions de réception investis du droit de requérir, des carnets à souches d'ordres de réquisition et de reçus.

Dans les divers cas de délégation énumérés au présent article, les carnets à souches d'ordres de réquisition et de reçus peuvent être délivrés aux autorités chargées d'exercer les réquisitions, par les généraux commandant les régions territoriales de corps d'armée agissant au nom du Ministre.

L'officier qui a reçu délégation du droit de requérir doit, après avoir terminé la mission pour laquelle il a reçu cette délégation, remettre immédiatement son carnet d'ordres de réquisition à son chef de corps ou service, qui le fait parvenir à la commission chargée du règlement des indemnités.

Le fonctionnaire qui a reçu délégation du droit de requérir doit, dans les mêmes conditions, remettre sans délai son carnet d'ordres de réquisition au préfet du département qui fait parvenir ce carnet à la commission chargée du règlement des indemnités.

Le président d'une commission de réquisition, auquel a été délégué le droit de réquisition, remet son carnet d'ordres de réquisition à l'autorité qui le lui a délivré. Ce carnet est ensuite transmis à la commission chargée du règlement des indemnités.

Les conditions et les formes dans lesquelles les autorités civiles et administratives et les présidents des commissions de réception exercent le droit de réquisition qui leur a été délégué sont les mêmes que celles qui sont déterminées par le présent décret pour les officiers. »

TITRE II.

Des prestations à fournir par voie de réquisition.

Art. 11. Les officiers qui peuvent être appelés à requérir le logement chez l'habitant, ou le cantonnement de troupes sous leurs ordres, doivent consulter les états dressés en exécution de l'article 10 de la loi du 3 juillet 1877 et des articles 23 et suivants du présent décret, et ne réclamer dans chaque commune le logement que pour un nombre d'hommes et de chevaux inférieur ou au plus égal à celui qui est indiqué par lesdits tableaux.

Art. 12. Lorsque des troupes sont logées chez l'habitant et que celui-ci est requis de leur fournir la nourriture, il ne peut être exigé une nourriture supérieure à l'ordinaire de l'individu requis.

Art. 13. L'officier commandant un détachement qui réquisitionne dans une commune des fournitures en vivres, denrées ou fourrages pour la nourriture des troupes ou des chevaux sous ses ordres, doit mentionner sur la réquisition la quantité de rations requises et la quotité de la ration réglementaire.

Art. 14. Quand il y a lieu de requérir des chevaux, voitures ou harnais pour des transports qui doivent amener un déplacement de plus de cinq jours avant le retour des chevaux et voitures, il est procédé, avant la prise de possession, à une estimation contradictoire faite par l'officier requérant et le maire.

Art. 15. Si des chevaux ou voitures, requis pour accompagner un détachement ou convoi, sont perdus ou endommagés, le chef du détachement ou convoi doit délivrer au conducteur un certificat constatant le fait.

Il y joint son appréciation des causes du dommage, et, si l'estimation préalable n'a pas eu lieu, une évaluation de la perte subie.

Art. 16. En cas de refus de l'officier chef du détachement ou du convoi de délivrer les pièces mentionnées à l'article précédent, le conducteur des chevaux et voitures endommagés devra s'adresser immédiatement au juge de paix, ou, à défaut du juge de paix, au maire de la commune où s'est produit le dommage, pour en faire constater les causes et la valeur.

Art. 17. Toutes les fois qu'il est fait une réquisition d'outils, matériaux, machines, bateaux, embarcations en dehors des eaux maritimes, etc., pour une durée de plus de huit jours, il est procédé, avant l'enlèvement desdits objets, à une estimation faite contradictoirement par l'officier requérant et le maire de la commune.

S'il est, plus tard, restitué tout ou partie desdits objets, procès-verbal est dressé de cette restitution, ainsi que des détériorations subies, et mention en est faite sur le reçu primitivement délivré, auquel le procès-verbal est annexé.

Art. 18. Si la réquisition de moulins a pour objet d'en attribuer temporairement à l'autorité militaire l'usage exclusif, il est procédé, avant et après la prise de possession, à une constatation sommaire par l'officier requérant et le maire de la commune.

Art. 19. Les chefs de détachement qui requièrent des guides ou conducteurs pour accompagner les troupes doivent pourvoir à leur nourriture, ainsi qu'à celle des chevaux, comme s'ils faisaient partie de leur détachement, pendant toute la durée de la réquisition.

Art. 20. Les guides, les messagers, les conducteurs et les ouvriers qui sont l'objet de réquisitions reçoivent, à l'expiration de leur mission, un certificat qui en constate l'exécution et qui est délivré : pour les guides, par les commandants de détachements ; pour les messagers, par les destinataires ; pour les conducteurs, par les chefs de convois, et pour les ouvriers, par les chefs de service compétents.

Art. 21. Lorsqu'il y a lieu de requérir le traitement de malades ou blessés, les maires fournissent des locaux spéciaux pour le traitement desdits malades ou blessés, et, à défaut de locaux spéciaux, les répartissent chez les habitants ; mais s'il s'agit de maladies contagieuses, ils doivent pourvoir aux soins à donner dans des bâtiments où les malades puissent être séparés de la population et qui, au besoin, sont requis à cet effet.

En cas d'extrême urgence, et seulement sur des points éloignés du centre de la commune, l'autorité militaire peut requérir directement des habitants le soin des malades ou blessés : mais cette réquisition, faite directement, ne peut jamais s'appliquer à des malades atteints de maladies contagieuses.

Art. 22. Si des communes ou des habitants sont requis de recevoir des malades ou des blessés, et si ces derniers ne peuvent pas être soignés par les médecins de l'armée, les visites des médecins civils peuvent donner droit à une indemnité spéciale.

Cette indemnité est fixée par la commission d'évaluation, sur la note du médecin, certifiée par l'habitant qui a logé le malade ou le blessé, ou, si faire se peut, par ce dernier lui-même, et visée par le maire de la commune.

TITRE III.

Du logement et du cantonnement.

Art. 23 (1). Les maires dressent, tous les trois ans, en double expédition, sur les modèles qui leur sont transmis par les commandants de régions, un état des ressources que peut offrir leur commune pour le logement et le cantonnement des troupes.

Cet état doit distinguer l'agglomération principale et les hameaux détachés ; il doit indiquer approximativement :

1° Le nombre de chambres et de lits qui peuvent être affectés au logement des officiers et le nombre d'hommes de troupe qui peuvent être logés chez l'habitant, à raison d'un lit par sous-officier et d'un lit ou au moins d'un matelas et d'une couverture pour deux soldats ;

Le nombre de chevaux, mulets, bestiaux et voitures qui peuvent être installés dans les écuries, étables ou remises ;

---

(1) **Complété. (Décret du 23 novembre 1886.)**

2° Le nombre d'hommes qui peuvent être cantonnés dans les maisons, établissements, écuries, bâtiments ou abris de toute nature appartenant soit aux particuliers, soit aux communes ou aux départements, soit à l'Etat, sous la seule réserve que les propriétaires ou détenteurs conserveront toujours les locaux qui leur sont indispensables pour leur logement et celui de leurs animaux, denrées et marchandises.

Les officiers et les fonctionnaires militaires, qui sont logés à leurs frais, dans leur garnison ou résidence, ne sont tenus de fournir le logement aux troupes qu'autant que le logement qu'ils occupent excède, quant au nombre de pièces, celui qui serait affecté à leur grade ou à leur emploi dans les bâtiments de l'Etat.

Sur l'état des ressources, les maires ne tiennent compte que de la partie du logement qui excède le nombre de pièces affecté au grade ou à l'emploi, d'après les règlements militaires.

Les détenteurs de caisses publiques déposées dans leur domicile, les veuves et filles vivant seules, et les communautés religieuses de femmes, les officiers et fonctionnaires militaires logés, à leurs frais, dans leur garnison ou résidence, ne sont tenus de fournir le cantonnement que dans les dépendances de leur domicile qui peuvent être complètement séparées des locaux occupés pour l'habitation.

Sur l'état des ressources pour le cantonnement, les maires ne tiennent compte que de ces dépendances.

Art. 24. Les états dressés en exécution de l'article précédent sont adressés aux commandants de régions par l'intermédiaire du préfet.

Lorsque le Ministre de la guerre veut faire opérer la revision de ces états, il charge de cette mission des officiers qui se transportent successivement dans chaque commune.

Il est donné avis aux maires de la mission confiée à ces officiers et de l'époque de leur arrivée dans les communes.

Art. 25 Après la revision, des tableaux récapitulatifs sont imprimés ou autographiés par les soins de l'autorité militaire, et tenus à la disposition des officiers généraux ainsi que des intendants militaires et des commissions de règlement des indemnités.

Un extrait est envoyé par les commandants de régions aux maires des communes intéressées.

Art. 26. Lorsque les maires ont reçu l'extrait mentionné à l'article précédent, ils dressent, avec le concours des conseillers municipaux, un état indicatif des ressources de chaque maison pour le logement ou le cantonnement des troupes, d'après le nombre fixé par le tableau indiqué à l'article précédent.

Lorsqu'ils sont requis de loger ou de cantonner des militaires, ils suivent le plus exactement possible l'ordre de cet état indicatif.

Art. 27. Toutes les fois qu'un maire est obligé, par application du deuxième paragraphe de l'article 12 ou du troisième paragraphe de l'article 13 de la loi du 3 juillet 1877, de loger des militaires aux frais et pour le compte de tiers, il prend à cet égard un arrêté motivé, qui est notifié aussitôt que possible à la personne intéressée et qui fixe la somme à payer.

Le payement en est recouvré comme en matière de contributions directes.

Art. 28. S'il est reconnu que des dégâts ont été commis chez un ou plusieurs habitants par des soldats qui y étaient logés ou cantonnés, procès-verbal en est dressé contradictoirement par le maire de la commune et par l'officier chargé d'examiner la réclamation.

S'il s'agit de passage de troupes en temps de paix, le procès-verbal est remis à l'habitant, qui adresse sa réclamation à l'autorité militaire.

En cas de mobilisation, le procès-verbal sert à l'intéressé comme une réquisition ordinaire, et l'indemnité à allouer est réglée comme en matière de réquisition.

Art. 29. En temps de guerre et en cas de départ inopiné des troupes logées chez l'habitant, si aucun officier n'a été laissé en arrière pour recevoir les réclamations, tout individu qui croit avoir à se plaindre de dégâts commis par les soldats logés chez lui et qui n'a pu faire sa réclamation avant le départ de la troupe, porte sa plainte au juge de paix, ou, à défaut de juge de paix, au maire de la commune.

Cette plainte doit être remise moins de trois heures après le départ de la troupe.

Le juge de paix ou le maire se transporte immédiatement sur les lieux, fait une enquête et dresse un procès-verbal qui est remis à la personne intéressée, pour faire valoir ses droits comme en matière de réquisition.

Art. 30 (1). Toutes les fois qu'une troupe est logée ou cantonnée dans une commune, l'officier qui la commande remet au maire, le dernier jour de chaque mois, ainsi que le jour où la troupe quitte la commune, un état, en double expédition, indiquant l'effectif en officiers, sous-officiers, soldats, chevaux ou mulets, ainsi que la date de l'arrivée et celle du départ.

Il n'y a pas lieu de fournir cet état lorsqu'il s'agit de cantonnement de troupes qui manœuvrent, ou du logement ou cantonnement de militaires pendant la période de mobilisation.

Art. 31 (1). Dans tous les cas où il y a lieu à indemnité pour le logement ou le cantonnement des militaires, cette indemnité n'est due qu'autant que le nombre de lits ou places occupés dans le courant d'un même mois excède le triple du nombre de lits ou places portés sur l'extrait des tableaux dont il est fait mention à l'article 25 ci-dessus. L'excédent seul ouvre droit à indemnité.

Art. 32 (1). Le maire justifie toute demande d'indemnité au moyen d'un état récapitulatif appuyé des états d'effectifs dressés en exécution de l'article 30.

Dans le cas où la somme demandée excéderait celle qui est due d'après le principe posé à l'article 31, le maire indiquerait les motifs de la différence.

L'état récapitulatif est adressé, en double expédition, au sous-intendant militaire de la subdivision de région, qui le vérifie, l'arrête et ordonnance, s'il y a lieu, un mandat de la somme réclamée au nom du receveur municipal de la commune, chargé de payer les intéressés.

Les contestations qui pourraient s'élever au sujet du règlement de l'indemnité seront jugées conformément aux dispositions des articles 26 de la loi du 3 juillet 1877 et 56 du présent décret.

Art. 33 (1). Lorsqu'il y a lieu d'accorder une indemnité pour logement ou cantonnement de troupes, dans les conditions spécifiées par les articles 15, 17 et 18 de la loi sur les réquisitions, et

---

(1) Nouvelle rédaction. (Décret du 23 novembre 1886.)

30, 31 et 32 du présent décret, le taux de l'indemnité est fixé d'après les bases ci-après :

1° *Logement.*

	fr. c.
Par lit d'officier et par nuit.	1 00
Par lit de sous-officier ou soldat, et par nuit.	0 20
Par place de cheval ou mulet, et par nuit. (plus le fumier).	0 05

2° *Cantonnement.*

Par homme et par nuit.	0 05
Par cheval ou mulet.	le fumier.

TITRE IV.

De l'exécution des réquisitions.

Art. 34 (1). Lorsque les détachements de différents corps ou des troupes de différentes armes se trouvent à la fois dans une commune, les réquisitions ne peuvent être ordonnées que par l'officier auquel le commandement appartient en vertu des règlements militaires.

Cette disposition ne s'applique pas aux réquisitions qui peuvent être ordonnées pour les besoins généraux de l'armée, ou pour la constitution des approvisionnements de la population des places de guerre, par les officiers généraux, par les fonctionnaires de l'intendance ou par les autorités civiles désignées à l'article 10 ci-dessus et déléguées spécialement à cet effet par les gouverneurs de ces places.

Art. 35 (1). Les réquisitions sont toujours adressées au maire de chaque commune, ou, en son absence, à son suppléant légal, sauf dans les cas prévus au paragraphe 1er de l'article 19 de la loi du 3 juillet 1877 et sous réserve des peines édictées à l'article 21 de ladite loi.

Dans le cas où, par application des dispositions de l'article 10

(1) Nouvelle rédaction. (Décret du 3 juin 1890.)

ci-dessus, les réquisitions sont ordonnées par le maire, en vertu d'une délégation spéciale de l'autorité militaire, il les adresse, dans la commune dont il est maire, à son suppléant légal.

Art. 36. Lorsqu'un officier ne trouve aucun membre de la municipalité au siège de la commune, ou lorsqu'il est obligé d'exercer une réquisition urgente dans un hameau éloigné et qu'il n'a pas le temps de prévenir le maire, il s'adresse, autant que possible, à un conseiller municipal, ou, à son défaut, à un habitant, pour se faire aider dans la répartition des prestations à fournir.

Art. 37. Si le maire déclare que les quantités requises excèdent les ressources de sa commune, il doit d'abord livrer toutes les prestations qu'il lui est possible de fournir. L'autorité militaire peut toujours, dans ce cas, faire procéder à des vérifications.

Lorsque celle-ci trouve des denrées qui ont été indûment refusées, elle s'en empare, même par la force, et signale le fait à l'autorité judiciaire.

Art. 38. Ne sont pas considérés comme prestations disponibles ou comme fournitures susceptibles d'être réquisitionnées :

1o Les vivres destinés à l'alimentation d'une famille et ne dépassant pas sa consommation pendant trois jours ;

2o Les grains ou autres denrées alimentaires qui se trouvent dans un établissement agricole, industriel ou autre et ne dépassent pas la consommation de huit jours ;

3o Les fourrages qui se trouvent chez un cultivateur et ne dépassent pas la consommation de ses bestiaux pendant quinze jours.

Art. 39 (1). Lorsque le maire reçoit une réquisition, il convoque, sauf le cas de force majeure et d'extrême urgence, quatre membres du conseil municipal appelés dans l'ordre du tableau, en laissant de côté ceux qui habitent loin du centre de la commune.

Le maire procède avec les membres présents, ou seul si personne n'a répondu à sa convocation, à la répartition des réquisitions et ses décisions sont exécutoires sans appel.

---

(1) Nouvelle rédaction. (Décret du 13 novembre 1907.)

Art. 40. S'il y a lieu de requérir la prestation d'un habitant absent et non représenté, le maire peut, au besoin, faire ouvrir la porte de vive force et faire procéder d'office à la livraison des fournitures requises.

Dans ce cas, il requiert deux témoins d'assister à l'ouverture et à la fermeture des locaux, ainsi qu'à l'enlèvement des objets; il dresse un procès-verbal de ces opérations.

Art. 41. Le maire fait procéder, en sa présence ou en présence d'un délégué, à la remise aux parties prenantes des fournitures requises et s'en fait donner reçu.

Il tient registre des prestations fournies par chaque habitant, soit en vertu de la répartition par lui faite, soit en vertu de réquisitions directes, et mentionne les quantités fournies et les prix réclamés; il délivre des reçus aux prestataires.

Les habitants qui sont l'objet de réquisitions directes portent à la mairie les reçus qu'ils ont obtenus de l'autorité militaire et les échangent contre des reçus de l'autorité municipale.

Il en est de même des certificats qui sont délivrés aux habitants pour constater l'accomplissement d'un service requis.

Art. 42. Si une personne requise d'un service personnel abandonne son poste, l'officier qui constate cet abandon prévient immédiatement le procureur de la République du domicile du délinquant, en lui faisant connaître le nom de ce dernier et son domicile.

Dans le cas prévu par le dernier paragraphe de l'article 21 de la loi du 3 juillet 1877, la plainte est adressée à l'autorité militaire compétente.

Art. 43. Dans les eaux maritimes, toute réquisition de l'autorité militaire relative à l'emploi temporaire de navires, bateaux ou embarcations de commerce, et de tout ou partie de leurs équipages, est adressée au représentant de la marine, s'il y en a un dans la localité; ce dernier est, dans ce cas, substitué au maire pour l'exécution de la réquisition.

Le personnel requis reste soumis aux appels pour le service de la flotte.

Les indemnités relatives à ces réquisitions sont réglées suivant les conditions prescrites par les articles 71 et 72 du présent décret.

Il est procédé, s'il y a lieu, à l'estimation préalable des objets requis. Cette estimation est faite par un expert que désigne le représentant de la marine.

TITRE V.

Du règlement des indemnités.

Art. 44. En cas de mobilisation totale, le Ministre de la guerre nomme une commission centrale qui est chargée de correspondre avec des commissions départementales d'évaluation, d'assurer l'uniformité et la régularité des liquidations et d'émettre son avis sur toutes les difficultés auxquelles peut donner lieu le règlement des indemnités (1).

Art. 45. Les commissions départementales d'évaluation sont composées de trois, cinq ou sept membres, selon l'importance des réquisitions à exercer.

Le Ministre de la guerre fixe ce nombre et peut déléguer au général commandant la région le soin de nommer les membres de ces commissions.

Art. 46. Le nombre des membres civils est de deux dans les commissions composées de trois personnes, de trois dans celles qui sont composées de cinq personnes et de quatre dans celles de sept membres. Les membres civils sont nommés sur la désignation du préfet.

L'arrêté qui nomme les commissions départementales désigne en même temps le président et le secrétaire, qui peuvent être choisis parmi les membres militaires ou parmi les membres civils.

Art. 47. La commission ne peut délibérer que s'il y a au moins trois membres présents dans les commissions composées de trois ou de cinq membres, et cinq dans celles qui sont composées de sept membres.

Les commissions d'évaluation peuvent s'adjoindre, avec voix consultative, des notables commerçants, pour l'établissement des tarifs ; elles peuvent aussi désigner des experts, pour l'estimation

---

(1) Voir ci-après, page 82, l'instruction ministérielle du 10 mai 1894, relative à la constitution des commissions visées à cet article.

des dommages. Les frais d'expertise sont à la charge de l'administration.

Art. 48. Les commissions d'évaluation établissent, pour les différents objets susceptibles d'être réquisitionnés, des tarifs qui sont arrêtés par le Ministre de la guerre.

Art. 49. Au moyen du registre tenu en vertu de l'article 41 du présent décret, le maire, pour faire régler les indemnités qui peuvent être dues dans sa commune, dresse, suivant les objets fournis, et par service administratif, en double expédition, l'état nominatif (modèles A et A *bis*) (1) de tous les habitants qui ont fourni des prestations ; il indique sur cet état la nature et l'importance des prestations fournies, la date des réquisitions et les prix réclamés. Il y joint son avis. L'état nominatif ainsi dressé est envoyé à la commission d'évaluation, par l'intermédiaire du préfet.

Le maire y joint les ordres de réquisition et les reçus de l'autorité militaire, ainsi que les certificats d'exécution de service requis et les procès-verbaux de dégâts ou d'estimation, s'il y a lieu.

Les pièces justificatives sont récapitulées dans un bordereau dressé en double expédition, dont une est renvoyée à la commune à titre de récépissé, après avoir été visée par la commission.

Art. 50. La commission d'évaluation donne son avis sur les prix de chaque prestation et sur les différences qui peuvent se produire entre les quantités réclamées et celles qui résultent des reçus. Elle transmet son avis au fonctionnaire de l'intendance chargé par le Ministre de la guerre de fixer l'indemnité.

Art. 51. Dans les délais prévus par l'article 26 de la loi du 3 juillet 1877, le fonctionnaire de l'intendance notifie au maire, et celui-ci aux intéressés, le chiffre des indemnités allouées.

Le maire leur fait connaître en même temps qu'ils doivent adresser à la mairie, dans un délai de quinze jours, leur acceptation ou leur refus.

Le fonctionnaire de l'intendance joint à sa notification les états mentionnés à l'article 49 du présent décret, revêtus de son visa.

---

(1) Pour le logement et le cantonnement, les modèles A *bis* et B sont remplacés par les modèles 2 et 2 *bis* déterminés par l'instruction du 23 novembre 1886.

Le maire inscrit sur ces états la date de la notification faite aux divers intéressés, y mentionne les réponses qu'il reçoit, et, à l'expiration du délai de quinze jours, arrête les états et en certifie l'exactitude.

Un de ces états reste à la mairie.

Art. 52. Le maire dresse ensuite en triple expédition et par service administratif un nouvel état (modèle B) (1) des allocations acceptées et de celles pour lesquelles les intéressés n'ont pas fait de réponse. Ces trois expéditions sont envoyées, avec l'original de l'état indiqué à l'article précédent, au fonctionnaire de l'intendance chargé du règlement des indemnités.

Art. 53. Lorsque le fonctionnaire de l'intendance a reçu l'état des allocations acceptées dans une commune, il doit, après vérification et dans un délai maximum de huit jours, délivrer le mandat de paiement dans les conditions prévues par l'article 27 de la loi sur les réquisitions.

Le mandat est délivré au nom du receveur municipal de la commune, et il est adressé à ce fonctionnaire avec une expédition de l'état nominatif mentionné à l'article précédent et visé par l'ordonnateur.

Art. 54. Quand le paiement est fait au comptant, le receveur municipal, aussitôt après avoir touché le mandat, effectue le paiement à chaque intéressé, qui émarge l'état nominatif.

Art. 55. Si, par application du dernier paragraphe de l'article 27 de la loi du 3 juillet 1877, le paiement a lieu en bons du Trésor, le receveur municipal encaisse le montant de ces bons à leur échéance, et il fait, de concert avec le maire, la répartition des intérêts au prorata des indemnités; il porte cette répartition sur l'état nominatif et effectue les paiements comme il est indiqué à l'article précédent.

Art. 56. Les refus d'acceptation du chiffre de l'indemnité allouée,

---

(1) Pour le logement et le cantonnement, les modèles A *bis* et B sont remplacés par les modèles 2 et 2 *bis* déterminés par l'instruction du 23 novembre 1886.

qui sont remis aux maires dans les conditions prévues par l'article 26 de la loi du 3 juillet 1877, sont transmis par ceux-ci aux juges de paix aussitôt après l'expiration du délai de quinzaine.

Les juges de paix appellent en conciliation le fonctionnaire de l'intendance désigné à l'article 50 du présent décret et les réclamants.

Les procès-verbaux de non-conciliation pour les réclamations supérieures à 1,500 francs sont remis directement aux intéressés.

TITRE VI.

Des réquisitions relatives aux chemins de fer.

Art. 57. Lorsqu'il y a lieu, par application de l'art. 29 de la loi du 3 juillet 1877, de requérir la totalité des moyens de transport dont disposent une ou plusieurs compagnies de chemins de fer, cette réquisition est notifiée à chaque compagnie par un arrêté spécial du Ministre des travaux publics. Son retrait lui est notifié de la même manière.

Art. 58. En temps de guerre, les transports en deçà de la base d'opérations sont ordonnés par le Ministre de la guerre et sont exécutés par les compagnies sous la direction de la commission militaire supérieure des chemins de fer. Les transports au delà de la base d'opérations sont ordonnés par le général en chef et sont exécutés par les soins de la direction militaire des chemins de fer de campagne, à l'aide d'un personnel spécial organisé militairement et d'un matériel fourni par les compagnies.

Art. 59. En cas de réquisition totale, le prix des transports militaires effectués en deçà de la base d'opérations sera payé conformément aux stipulations du cahier des charges; s'il n'existe aucune stipulation à ce sujet, le prix est fixé à la moitié du tarif normal.

La réquisition totale donne, soit au Ministre de la guerre et à la commission militaire supérieure des chemins de fer, soit au général en chef et à la direction militaire des chemins de fer de campagne, le droit d'utiliser pour les besoins de l'armée les dépendances des gares et de la voie et les fils télégraphiques des compagnies, sans que cet emploi puisse donner lieu à aucune indemnité nouvelle.

Art. 60. Les dépendances des gares et de la voie ne peuvent être réquisitionnées, en deçà de la base d'opérations, que par le Ministre de la guerre, sur l'avis de la commission militaire supérieure des chemins de fer, et, au delà de la base d'opérations, que par le général en chef, sur l'avis de la direction militaire des chemins de fer de campagne.

Art. 61. Au delà de la base d'opérations, il n'est dû aux compagnies, pour les transports effectués sur leurs réseaux, que la taxe de péage fixée conformément au cahier des charges qui régit chacune d'elles.

Art. 62. L'emploi des machines, voitures et wagons provenant des compagnies dont la direction militaire des chemins de fer de campagne peut avoir besoin, donne lieu à une indemnité de location réglée conformément à un tarif qui sera établi par un décret rendu en Conseil d'Etat.

Art. 63. Le matériel affecté au service de la direction militaire des chemins de fer de campagne sera préalablement inventorié. L'estimation portée à l'inventaire servira de base à l'indemnité à allouer en cas de perte, de destruction ou d'avarie.

Art. 64. En cas de réquisition de combustibles, matières grasses et autres objets, par application de l'article 30 de la loi du 3 juillet 1877, les prix à percevoir par chaque compagnie appelée à fournir ces objets se composent : 1° du prix d'achat de ces matières; 2° des frais de transport sur des voies étrangères à la compagnie qui les a fournies; 3° des frais de transport sur le réseau de ladite compagnie, calculés sur le pied de trois centimes par tonne et par kilomètre.

TITRE VII (1).

Des réquisitions de l'autorité maritime.

Art. 65. En France, les préfets maritimes, les officiers des corps de la marine investis d'un commandement et les officiers du commissariat de la marine peuvent, sur la délégation du

(1) Nouvelle rédaction. (Décret du 8 mai 1900.)

Ministre de la marine, en tout temps et en tout lieu, réquisitionner les navires de commerce et embarcations de toute nature avec le matériel et les objets existant à bord, que l'autorité requérante juge à propos de conserver.

Hors des eaux territoriales métropolitaines, les mêmes réquisitions peuvent être faites sur la délégation du Ministre de la marine, en tout temps et en tout lieu, par tout officier commandant une force navale ou un bâtiment isolé, tout représentant diplomatique ou consulaire, tout gouverneur de colonie.

Art. 66. Dans les cas prévus à l'article précédent, lorsque la réquisition n'est pas exercée directement par le représentant de la marine, elle doit être adressée à ce dernier qui, en cette circonstance, a les mêmes droits et les mêmes devoirs que le maire. Lorsqu'il n'y a pas de représentant de la marine, elle est adressée soit dans un port, soit en mer, directement au capitaine, maître ou patron. Elle est faite par écrit, mais sans que l'emploi d'un carnet à souche soit imposé. La réquisition du navire entraîne pour le capitaine, maître ou patron, l'obligation de débarquer au port désigné par l'autorité requérante, les passagers ainsi que les objets non conservés à bord.

Il est dressé, au moment de la remise, un état descriptif du navire et un inventaire du matériel et des objets de consommation conservés, ainsi que des marchandises réquisitionnées. Les procès-verbaux sont établis contradictoirement par un représentant de l'autorité requérante et par le capitaine, maître ou patron, lesquels, en cas de désaccord, consignent leurs observations sur ces procès-verbaux. Ces documents sont rédigés en deux originaux, dont l'un reste entre les mains du représentant du navire, et dont l'autre est transmis au Ministre de la marine.

Les marchandises transportées ne peuvent être réquisitionnées que sous réserve des dispenses accordées par les conventions internationales.

La réquisition peut s'appliquer à l'état-major et à l'équipage, qui sont tenus de prêter leur concours toutes les fois où il ne s'agit pas d'armer le navire en qualité de croiseur auxiliaire.

Art. 67. Exceptionnellement, et seulement en cas de mobilisation totale ou partielle, tout officier de marine commandant une force navale, un bâtiment isolé ou un détachement à terre peut, dans les mêmes conditions, sans délégation du Ministre et sous sa responsabilité personnelle, requérir des prestations nécessaires aux navires et aux hommes qu'il commande.

Art. 68. En cas de mobilisation totale ou partielle, l'autorité maritime exerce, comme l'autorité militaire, des réquisitions portant sur des objets énumérés dans l'article 5 de la loi du 3 juillet 1877.

En cas de mobilisation partielle, des arrêtés du Ministre de la marine déterminent l'époque où pourra commencer et celle où devra se terminer l'exercice du droit de réquisition.

Les vice-amiraux commandant en chef, préfets maritimes, peuvent seuls exercer de plein droit lesdites réquisitions ; ils peuvent déléguer le droit de requérir aux officiers du commissariat de la marine et aux officiers du corps de la marine, investis d'un commandement ou d'une mission. Ces réquisitions sont extraites d'un carnet à souche ; elles sont adressées aux maires comme les réquisitions de l'autorité militaire, et ordonnées ou exécutées suivant les règles établies par les articles composant les titres II, III et IV du présent décret.

Art. 69. En dehors du cas de mobilisation totale ou partielle, les réquisitions prévues à l'article précédent ne peuvent être exercées que sur l'ordre direct du Ministre de la marine. Ces réquisitions, signées par le Ministre, sont adressées aux maires et exécutées suivant les règles rappelées à l'article 68.

Art. 70. Lorque des troupes de l'armée de terre prennent part à une opération maritime dirigée par un officier du corps de la marine, les réquisitions relatives à ces troupes sont ordonnées au nom et pour le compte de l'autorité maritime.

Lorsque des marins ou des troupes de l'armée de mer sont employés à terre à des opérations de l'armée de terre, les réquisitions relatives à ces troupes sont exercées au nom et pour le compte de l'autorité militaire.

Art. 71. Dans les arrondissements et sous-arrondissements maritimes où il est exercé soit des réquisitions de l'autorité maritime, soit des réquisitions de l'autorité militaire, relatives à des navires, embarcations et à leurs équipages, il est créé une commission mixte d'évaluation composée de trois, cinq ou sept membres, selon l'importance des réquisitions.

Le Ministre de la marine fixe ce nombre et peut déléguer au

préfet maritime le soin de nommer les membres de ces commissions.

Les articles 46 et 47 du présent décret sont applicables auxdites commissions.

Art. 72. Toutes les fois qu'il y a lieu d'évaluer les indemnités qui peuvent être dues pour des réquisitions exercées par l'autorité militaire, par application de l'article 23 de la loi du 3 juillet 1877, cette évaluation est faite par la commission indiquée dans l'article précédent, complétée par l'adjonction d'un fonctionnaire de l'intendance nommé par le Ministre de la guerre, ou sur sa délégation, par le commandant de région.

En cas de partage, la voix du président est prépondérante.

Art. 73. Le règlement et la liquidation des indemnités relatives aux réquisitions de l'autorité maritime s'effectuent suivant les règles établies pour les réquisitions de l'autorité militaire, sans préjudice des conventions conclues entre l'État et les compagnies propriétaires de navires.

La commission d'évaluation, visée à l'article 71, transmet son avis à l'officier du commissariat chargé par le Ministre de fixer l'indemnité.

Les notifications prévues à l'article 51 sont faites par cet officier.

Lorsque la réquisition est effectuée dans les conditions prévues à l'article 65 ci-dessus, le règlement et la liquidation se font de la façon suivante :

L'évaluation de l'indemnité est faite sur le vu de l'état descriptif des procès-verbaux mentionnés à l'article 66 ci-dessus, par une des commissions d'arrondissements ou de sous-arrondissements maritimes prévues à l'article 71, et spécialement désignée par le Ministre de la marine pour être saisie de l'affaire.

La décision de l'officier du commissariat chargé par le Ministre de fixer l'indemnité, accompagnée des états descriptifs et procès-verbaux susmentionnés, est signifié directement, en la forme administrative, soit au capitaine, maître ou patron du navire, en même temps qu'à l'armateur, par l'officier du commissariat de la marine, qui revêt ces divers documents de son visa et de l'indication de la date à laquelle est effectuée la signification, soit au propriétaire des marchandises réquisitionnées ou tous autres intéressés par les soins du Ministre de la marine lui-même.

En cas de contestation, le juge de paix ou le tribunal de première instance compétent est celui du ressort dont relève la commission d'arrondissement ou de sous-arrondissement maritime désignée par le Ministre pour statuer sur l'affaire.

En cas d'acceptation de l'indemnité, le montant en est ordonnancé et mandaté par les soins de l'autorité maritime.

TITRE VIII.

Dispositions relatives aux chevaux, mulets et voitures nécessaires à la mobilisation.

SECTION Ire.

DU RECENSEMENT.

Art. 74. Tous les ans, au commencement de décembre, le maire fait publier un avertissement adressé à tous les propriétaires de chevaux ou mulets, qui se trouvent dans la commune, pour les informer qu'ils doivent se présenter à la mairie avant le 1er janvier, et faire la déclaration de tous les chevaux, juments, mulets ou mules qui sont en leur possession, en indiquant l'âge de ces animaux.

Art. 75 (1). Du 1er au 16 janvier de chaque année, le maire dresse la liste de recensement des chevaux, juments, mulets et mules, prescrite par l'article 37 de la loi sur les réquisitions militaires.

La liste mentionne tous les animaux déclarés, avec leur signalement, le nom et le domicile de leurs propriétaires, sauf les exceptions ci-après :

1° Les chevaux et juments qui n'ont pas atteint l'âge de 4 ans au 1er janvier ;

2° Les mulets et mules qui n'ont pas atteint l'âge de 2 ans au 1er janvier ;

3° Les chevaux, juments, mulets ou mules qui sont reconnus être déjà inscrits dans une autre commune ;

4° Les animaux qui sont reconnus avoir déjà été réformés par une commission de classement en raison de tares, de mauvaise

---

(1) Nouvelle rédaction. (Décret du 13 novembre 1907.)

conformation ou d'autres motifs qui les rendent impropres au service de l'armée;

5° Les chevaux, juments, mulets et mules qui sont reconnus avoir été refusés conditionnellement par une commission de classement, pour défaut de taille, à moins que les conditions de taille n'aient été modifiées depuis ce refus;

6° Les animaux appartenant aux agents diplomatiques de puissances étrangères (1).

Art. 76. Dans les premiers jours de janvier, le maire fait exécuter des tournées par les gardes champêtres et les agents de police, pour s'assurer que tous les chevaux, juments, mulets et mules ont été exactement déclarés.

Lorsqu'il est reconnu que des animaux n'ont pas été déclarés, le maire doit les porter d'office sur la liste de recensement, sans rechercher s'ils ont été réformes ou refusés.

Art. 77. Le maire délivre au propriétaire qui a fait la déclaration prescrite par l'article 74 ci-dessus, un certificat constatant ladite déclaration et mentionnant les chevaux et mulets inscrits.

Si le propriétaire a plusieurs résidences, il doit présenter le certificat indiqué dans le paragraphe précédent au maire des communes où il ne fait pas inscrire ses chevaux ou mulets.

Art. 78 (2). Tous les trois ans, dans les conditions et aux époques indiquées pour le recensement des chevaux et mulets, le maire fait la liste de recensement des voitures attelées ou destinées à être attelées de chevaux ou mulets, autres que celles qui sont exclusivement affectées au transport des personnes (3).

Le Ministre de la guerre avertit les préfets deux mois avant le 1er janvier de l'année où doit se faire ce recensement.

Le préfet avertit le maire au moins six semaines avant le commencement de cette même année.

---

(1) Ainsi qu'aux nationaux des pays ci-dessous mentionnés, en faveur desquels l'exemption de toute réquisition militaire a été stipulée par des conventions spéciales : Allemagne, République argentine, Brésil, Chili, République dominicaine, Equateur, Espagne, Grande-Bretagne, Haïti, Honduras, Mexique, Russie, Suisse.

(2) Nouvelle rédaction. (Décret du 13 novembre 1907.)

(3) Le recensement des voitures n'est pas appliqué aux agents diplomatiques des puissances étrangères, ni aux nationaux des pays ci-dessus mentionnés.

Art. 79 (1). Les voitures que leurs propriétaires peuvent atteler, dans les conditions que comporte leur forme ou leur poids, d'un ou plusieurs chevaux ou mulets, classés ou susceptibles d'être classés, seront portées, avec indication de leur attelage, sur la liste de recensement indiquée à l'article précédent.

Art. 80 (1). Si un propriétaire possède plusieurs voitures et s'il ne peut fournir qu'un seul attelage, le maire porte sur la liste de recensement celle de ces voitures qui lui paraît la plus propre au service de l'armée et lui attribue l'attelage en question.

Les autres voitures sont portées sur la liste de recensement comme voitures non attelées.

Si le propriétaire possède plusieurs attelages, il est porté sur la liste de recensement autant de voitures qu'il peut en atteler à la fois et ces attelages leur sont attribués.

Dans ce cas, le maire veille à ce que pour chacune des voitures attelées et recensées il soit inscrit, suivant sa forme et son poids, un ou plusieurs animaux capables d'un bon service et inscrits sur la liste de recensement des chevaux, juments, mulets ou mules.

Art. 81 (1). L'état de recensement des voitures attelées contient le signalement des voitures et des animaux, ainsi que l'inscription de ces derniers sur l'état de recensement, s'ils n'ont pas encore été classés, ou leur numéro de classement s'ils figurent sur le dernier état de classement de la commune.

Le signalement des voitures non attelées est également porté sur l'état de recensement des voitures.

SECTION II.

DU CLASSEMENT.

§ 1er. — *Chevaux et mulets.*

Art. 82. A moins qu'il n'en soit autrement ordonné par le Ministre de la guerre, les commissions mixtes créées en vertu de l'article 38 de la loi sur les réquisitions militaires procèdent annuellement à l'examen et au classement des chevaux, juments

(1) Nouvelle rédaction. (Décret du 13 novembre 1907.)

mulets et mules susceptibles d'être réquisitionnés pour le service de l'armée.

Art. 83. Ces commissions de classement peuvent seules rayer de la liste de recensement les animaux compris dans les cas d'exemption prévus par les articles 40 et 42 de la loi sur les réquisitions militaires, ainsi que ceux qui leur paraissent incapables d'un service dans l'armée.

Elles doivent inscrire et classer d'office tout cheval ou mulet qui leur paraîtrait avoir été omis à tort sur la liste de recensement.

Art. 84. Les commissions de classement dressent, par commune, un tableau des chevaux, juments, mulets ou mules susceptibles d'être requis; ce tableau est divisé par catégories correspondant aux catégories fixées par le Ministre de la guerre.

Le tableau de classement est dressé en double expédition, toutes deux signées par la commission et le maire de la commune ou son suppléant.

Une des expéditions reste déposée à la mairie de chaque commune et l'autre est envoyée par le président de la commission mixte au bureau de recrutement.

Les commissions de classement réforment définitivement les animaux impropres au service de l'armée et refusent conditionnellement ceux qui n'atteignent pas le minimum de la taille fixé par les instructions, ou qui ne paraissent pas momentanément susceptibles d'être requis.

Mention de ces décisions est faite sur la liste de recensement avec le signalement exact des animaux réformés ou refusés conditionnellement, et la liste de recensement est arrêtée et signée par le président de la commission de classement avant d'être rendue au maire.

Art. 85 (1). Lorsqu'un cheval ou mulet est réformé comme impropre au service de l'armée, le président de la commission de classement établit et remet d'office au propriétaire un certificat constatant la décision de la commission. Le certificat doit contenir le signalement exact et détaillé de l'animal réformé, tel qu'il est inscrit sur la liste de recensement.

Le certificat de réforme ainsi obtenu est présenté au recensement suivant à la mairie du lieu où se trouve le cheval, avec une attestation par écrit de deux propriétaires ou patentables voisins, ou d'un vétérinaire, constatant que le cheval ou mulet réformé n'a pas été changé.

---

(1) Nouvelle rédaction. (Décret du 13 novembre 1907.)

Art. 86. Les chevaux ou mulets qui, au moment des opérations de la commission de classement, se trouvent dans une autre commune que celle où ils sont inscrits, peuvent être présentés à la commission du lieu où ils se trouvent.

Il est délivré au propriétaire desdits chevaux ou mulets un certificat constatant la décision de la commission.

Le propriétaire est tenu de faire parvenir ce certificat, en temps utile, à la commission du lieu de l'inscription de ses chevaux ou mulets.

§ 2. — *Voitures attelées ou non attelées* (1).

Art. 87 (1). Dans l'année du recensement des voitures, les commissions chargées du classement des chevaux et mulets peuvent procéder également au classement des voitures.

Sont obligatoirement classées les voitures propres à un des services de l'armée et attelées, suivant leur forme et leur poids, d'un ou de plusieurs chevaux ou mulets capables d'un bon service et portés sur le tableau de classement des chevaux et mulets de la commune.

Art. 88. Lorsque la commission a reconnu les voitures attelées susceptibles d'être classées, elle procède en séance publique, avec l'assistance du maire ou de son suppléant, à un tirage au sort entre lesdites voitures, par chaque commune.

Il est dressé de cette opération, et en double expédition, un procès-verbal sur lequel sont mentionnées, dans l'ordre du tirage, les voitures attelées, avec le nom des propriétaires, le signalement des chevaux et voitures et l'état des harnais.

Une des expéditions reste déposée à la mairie et l'autre est envoyée au bureau de recrutement.

Art. 89. Le procès-verbal dressé en exécution de l'article précédent mentionne en outre la catégorie dans laquelle figurent les chevaux ou mulets faisant partie des attelages classés, ainsi que le numéro d'ordre qui leur est attribué sur le tableau de classement.

Mention est faite également sur ce tableau de ceux d'entre eux qui font partie d'attelages classés.

---

(1) Nouvelle rédaction. (Décret du 13 novembre 1907.)

SECTION III.

DU MODE DE RÉQUISITION SPÉCIAL DES CHEVAUX ET VOITURES CLASSÉS.

Art. 90 (1). En cas de mobilisation, la réquisition des voitures et des chevaux, juments, mulets et mules classés, est effectuée par les commissions mixtes.

Le Ministre de la guerre détermine la composition de ces commissions, dont les membres sont nommés par les commandants de région.

Les préfets désignent, chaque année, dans les localités où pourrait s'opérer la réquisition, le nombre de membres civils nécessaire pour compléter les commissions.

Art. 91 (1). Les commissions mixtes de réquisition siègent en des lieux choisis et désignés à l'avance, qui forment le centre des circonscriptions de réquisition établies également à l'avance par l'autorité militaire.

Les chevaux, mulets et voitures devant être appelés par communes à ces centres de circonscription de réquisition, l'autorité militaire peut nommer plusieurs commissions destinées à opérer simultanément, de manière que les opérations relatives à une commune soient, autant que possible, terminées dans une journée.

Art. 92. L'ordre de rassemblement des voitures attelées et des chevaux, juments, mules et mulets, en cas de mobilisation, est porté à la connaissance des communes et des propriétaires par voie d'affiches indiquant la date, l'heure et le lieu de la réunion.

Les maires prennent toutes les mesures qui sont en leur pouvoir pour que tous les propriétaires soient avertis et obéissent en temps utile aux prescriptions de l'autorité militaire.

Art. 93. Doivent être conduits aux lieux indiqués pour la réquisition des chevaux :

1° Tous les animaux portés sur le tableau de classement des communes appelées;

2° Les animaux qui, pour un motif quelconque, ne figurent pas sur le tableau de classement, bien qu'ils aient l'âge légal, à l'exception de ceux qui se trouvent encore dans les cas d'exemption

---

(1) Nouvelle rédaction. (Décret du 13 novembre 1907.)

prévus par l'article 40 de la loi sur les réquisitions, de ceux qui ont été réformés, ou de ceux qui ont été refusés conditionnellement pour défaut de taille, si les conditions de taille ne sont pas modifiées au moment de la mobilisation ;

3° Les animaux recensés ou classés dans d'autres communes, et qui se trouvent dans la circonscription au moment de la mobilisation ;

4° Les voitures attelées.

Doivent également se rendre aux lieux de rassemblement tous les propriétaires qui ont à faire constater des mutations ou à présenter des excuses. Ils doivent, à moins d'impossibilité absolue, faire conduire les animaux pour lesquels ils ont des réclamations à faire.

Art. 94. Les commissions de réquisition reçoivent de l'autorité militaire tous les documents qui leur sont nécessaires, et notamment les tableaux de classement des animaux et les procès-verbaux de tirage des voitures attelées, adressés après le dernier classement aux bureaux de recutement.

Les maires ou leurs suppléants se rendent à la convocation et remettent à la commission de réquisition les tableaux de classement laissés entre leurs mains.

Ils assistent aux opérations de la commission et lui fournissent tous les renseignements de nature à l'éclairer.

Art. 95 (1). Les commissions de réquisition ajoutent aux tableaux de classement les animaux désignés aux paragraphes numérotés 2° et 3° de l'article 93 du présent décret, et reconnus propres au service de l'armée ; elles en rayent : 1° les animaux morts ou disparus ; 2° ceux qui, depuis le dernier classement, se trouvent dans un des cas d'exemption prévus par l'article 40 de la loi des réquisitions ; 3° ceux qui, après nouvel examen, sont reconnus impropres au service de l'armée.

Les tableaux des voitures sont également l'objet d'une revision.

Art. 96. Les commissions de réquisition statuent définitivement sur toutes les réclamations ou excuses qui peuvent être présentées par des propriétaires de chevaux, juments, mulets, mules ou voitures attelées.

Lorsque des animaux classés dans une commune d'une autre

(1) Nouvelle rédaction. (Décret du 13 novembre 1907.)

circonscription de réquisition sont présentés à une commission mixte en exécution de l'article 93 ci-dessus, cette dernière commission informe immédiatement de sa décision la commission du lieu de l'inscription primitive.

Art. 97 (1). Les rectifications terminées, les commissions de réquisition réunissent par commune les voitures et les chevaux et mulets de chaque catégorie ; elles procèdent d'abord à la réquisition des voitures, en suivant, dans chaque commune, l'ordre du tirage au sort effectué lors du dernier classement.

Les voitures non requises sont immédiatement dételées et les chevaux, juments, mulets ou mules qui les attelaient sont replacés dans la catégorie d'animaux à laquelle ils appartiennent, à moins qu'ils n'aient été reconnus impropres au service de l'armée.

Lorsque les ressources en voitures attelées sont insuffisantes, les commissions peuvent requérir des voitures non attelées parmi celles qui sont inscrites sur la liste de recensement. Elles les font prendre chez les propriétaires au moyen du personnel et des attelages requis dont elles disposent.

Art. 98 (1). Après la réquisition des voitures attelées, les commissions de réquisition procèdent à la réquisition des animaux des différentes catégories, jusqu'à concurrence du chiffre du contingent fixé par l'autorité militaire.

Art. 98 *bis* (2). Pour les deuxième et troisième séries, les déductions à faire aux prix budgétaires applicables aux animaux de la catégorie, en raison de leur âge, sont le quart de ces prix pour les animaux de la deuxième série, et les trois cinquièmes pour ceux de la troisième série.

Pour la première série, la majoration ne pourra dépasser le quart du prix budgétaire ; pour les deuxième et troisième séries, la majoration ne pourra dépasser le quart du prix résultant de l'application de l'alinéa précédent.

Art. 99 (1). Il est remis à chaque propriétaire ou à son représentant, contre la livraison de l'animal requis, un bulletin individuel indiquant le nom du propriétaire, le numéro de classement de l'animal et le prix à payer suivant la catégorie et l'âge de l'animal.

---

(1) Nouvelle rédaction. (Décret du 13 novembre 1907.)
(2) Article nouveau. (Décret du 13 novembre 1907.)

Art. 100 (1). Les commissions de réquisition dressent :

1° Pour les voitures qui sont requises, un procès-verbal mentionnant les noms des propriétaires et leur domicile, et l'estimation des voitures et harnais d'après les prix courants du pays, conformément aux dispositions de l'article 48 de la loi du 3 juillet 1877 ;

2° Pour les animaux requis, un procès-verbal mentionnant les noms des propriétaires, leur domicile et le prix attribué aux animaux selon leur âge et la catégorie à laquelle ils appartiennent.

Les voitures requises sont indiquées sur les procès-verbaux de tirage, et les animaux requis sont également indiqués sur les tableaux de classement, avant que ces pièces soient restituées aux bureaux de recrutement et aux mairies.

Les chevaux et mulets composant les attelages des voitures requises sont portés individuellement sur le procès-verbal de réquisition des chevaux et mulets, et défalqués du contingent à fournir.

Art. 101. Les commissions de réquisition statuent ensuite sur les substitutions qui leur sont proposées, dans les conditions prévues à l'article 47 de la loi sur les réquisitions.

Art. 102 (1). Après les opérations de réquisition, le maire dresse en double expédition un état de payement pour les animaux requis. Cet état, conforme au modèle C, comprend tous les renseignements contenus au procès-verbal de réquisition et réserve une colonne pour l'émargement des intéressés.

Les deux expéditions ainsi que le procès-verbal de réquisition sont adressés à l'intendance militaire, qui en donne récépissé aux maires.

Il est dressé deux états semblables, conformes au modèle D, pour les voitures requises.

Art. 103. Les intéressés sont payés par le receveur municipal contre la remise des bulletins mentionnés à l'article 99 du présent décret.

A cet effet, des mandats des sommes dues pour chaque commune sont dressés, dans un délai qui ne peut dépasser dix jours, par le fonctionnaire de l'intendance, au nom des receveurs municipaux.

---

(1) Nouvelle rédaction. (Décret du 13 novembre 1907.)

Ces mandats leur sont envoyés par l'intermédiaire des trésoriers-payeurs généraux, avec un des états nominatifs d'émargement visé par l'intendance ; ils sont payés immédiatement.

Art. 104. Aussitôt après avoir perçu le montant du mandat, le receveur municipal fait le paiement aux divers intéressés, sur simple émargement de ces derniers.

TITRE IX.

Dispositions spéciales aux grandes manœuvres et aux exercices de tir.

Art. 105. L'époque où peuvent avoir lieu les grandes manœuvres des corps d'armée ou fractions de corps d'armée est déterminée chaque année par le Ministre de la guerre.

Art. 106. Trois semaines au moins avant l'exécution des manœuvres, les généraux commandant les régions avertissent les préfets des départements intéressés de l'époque et de la durée des manœuvres, et leur font connaître les localités qui pourront être occupées ou traversées.

Les préfets désignent un membre civil pour faire partie de la commission chargée de régler les indemnités.

Art. 107. Le maire de la commune dont le territoire peut être occupé ou traversé pendant les grandes manœuvres en est informé par le préfet.

Il fait immédiatement publier et afficher dans sa commune l'époque et la durée des manœuvres.

Il invite les propriétaires de vignes ou de terrains ensemencés ou non récoltés à les indiquer par un signe apparent.

Il prévient les habitants que ceux qui subiraient des dommages par suite de manœuvres doivent, sous peine de déchéance, déposer leurs réclamations à la mairie dans les trois jours qui suivent le passage ou le départ des troupes.

Art. 108 (1). Quinze jours au moins avant le commencement des manœuvres, les généraux commandant les régions nomment

(1) Nouvelle rédaction (décret du 25 juillet 1912).

les commissions de règlement des indemnités et désignent les circonscriptions assignées à leurs opérations. Ces commissions sont composées d'un fonctionnaire de l'intendance, président; d'un membre civil désigné par le préfet, d'un officier d'administration du génie. Ce dernier remplit les fonctions de comptable.

Art. 109 (1). La commission peut reconnaître à l'avance les terrains qui doivent être occupés; elle accompagne les troupes et suit leurs opérations. Au fur et à mesure de l'exécution des manœuvres, elle se rend dans les localités qui ont été traversées ou occupées, en prévenant à l'avance les maires de son passage. Les maires préviennent les intéressés et remettent à la commission des bulletins individuels mentionnant la date de la réclamation, la nature du dommage et la somme réclamée.

Art. 110 (1). La commission, après avoir entendu les observations des réclamants, fixe le chiffre des indemnités allouées et en dresse l'état.

Si les intéressés présents acceptent cette fixation, ils reçoivent immédiatement le montant de l'indemnité sur leur émargement.

A cet effet, l'officier d'administration comptable de la commission est porteur d'une avance de fonds.

Si l'allocation n'est pas acceptée séance tenante, la commission insère dans son procès-verbal les renseignements propres à faire apprécier la nature et l'étendue du dommage et remet au maire un extrait de ce procès-verbal, en même temps que l'état des indemnités qui n'ont pas été acceptées séance tenante.

Art. 111 (1). Le maire, par une notification administrative, met immédiatement les ayants droit en demeure d'accepter les indemnités offertes ou de les refuser dans le délai de quinze jours.

Les refus doivent être formulés par écrit et motivés. Les déclarations de refus sont déposées à la mairie et annexées au procès-verbal mentionné à l'article 110.

A l'expiration du délai de quinze jours, le maire consigne sur l'état qui lui a été remis par la commission les réponses qu'il a

(1) Nouvelle rédaction (décret du 25 juillet 1912).

reçues et transmet ensuite l'état au fonctionnaire de l'intendance militaire, président de la commission; ce dernier assure le payement des indemnités qui n'ont pas été refusées.

En cas de contestation, l'extrait du procès-verbal de la commission d'évaluation est remis par le maire au juge de paix ou au tribunal chargé de statuer sur les réclamations.

Art. 112 (1). Les indemnités qui peuvent être dues, à l'occasion des exercices de tir, en vertu du paragraphe 1er de l'article 55 de la loi du 3 juillet 1877, modifiée par la loi du 17 avril 1901 et codifiée par la loi du 23 juillet 1911, sont réglées par des commissions composées comme il est dit à l'article 108. Si le champ de tir relève du service de l'artillerie, l'officier d'administration du génie est remplacé dans la commission par un officier d'administration d'artillerie.

En ce qui concerne les champs de tir permanents de nouvelle création, la commission reconnaît, avant l'exécution des premiers tirs, les terrains compris dans les zones fixées par l'autorité militaire comme devant être interdites aux habitants pendant les tirs; elle se rend compte de la nature des cultures et de leur rendement.

La commission peut se réunir sur le terrain les années suivantes, à l'époque la plus propice pour reconnaître l'état des terrains.

En ce qui concerne les champs de tir temporaires, la commission peut également se réunir sur le terrain, avant les tirs, pour procéder à la vérification de la nature des cultures.

Art. 113 (1). L'achèvement de chaque série de tirs ou des tirs de l'année est notifié aux maires des communes intéressées par le commandant d'armes dont dépend le champ de tir.

Le maire de cette commune porte cette notification à la connaissance des habitants dans un délai de quarante-huit heures au plus tard, au moyen des procédés de publicité en usage dans la commune.

Les demandes d'indemnités doivent, à peine de déchéance, être déposées à la mairie dans les trois jours qui suivent cet

---

(1) Nouvelle rédaction (décret du 25 juillet 1912).

avertissement; elles sont consignées sur des bulletins individuels indiquant les nom, prénoms et domicile de chaque intéressé, la nature du dommage et la somme réclamée.

Les bulletins, signés et datés par les réclamants, sont, aussitôt après l'expiration du délai de dépôt, transmis au président de la commission.

La commission se transporte sur les terrains des réclamants, après avoir prévenu de son passage, deux jours au moins à l'avance, les maires qui avertissent aussitôt les intéressés, et elle procède à ses opérations conformément aux prescriptions de l'article 110.

En cas de refus de l'indemnité offerte par l'administration militaire, la contestation est introduite et jugée comme il est dit aux paragraphes 4 et suivants de l'article 28 de la loi du 3 juillet 1877.

. . . . (1)

TITRE X (2).

Des réquisitions relatives aux voies navigables.

SECTION Ire.

DE L'EXERCICE DU DROIT DE RÉQUISITION.

Art. 114. En cas de mobilisation partielle ou totale de l'armée, les réquisitions prévues par l'article 55 de la loi du 3 juillet 1877, modifiée par la loi du 27 mars 1906, sont exercées par les ingénieurs du service de la navigation, sur les ordres de l'autorité militaire.

Art. 115. Les réquisitions sont faites, dans les ressorts respectifs de leurs services, soit par l'ingénieur en chef, soit par l'ingénieur ordinaire ou le fonctionnaire faisant fonctions d'ingénieur.

Art. 116. Les ordres de réquisition sont détachés d'un carnet

---

(1) Pour les dispositons spéciales aux exercices de tir, voir le décret du 29 décembre 1901 (É. M., vol. 58, p. 101).

(2) Titre X et articles 114 à 121 nouveaux. (Décret du 13 novembre 1907.)

à souche qui est remis, à cet effet, entre les mains des ingénieurs appelés à exercer les réquisitions.

Art. 117. La réquisition est notifiée administrativement par un agent de la navigation.

Art. 118. Les reçus délivrés par les fonctionnaires et agents de la navigation, qui sont chargés de la réception des prestations fournies, sont extraits d'un carnet à souche qui est fourni par l'autorité militaire, comme les carnets d'ordres de réquisition.

SECTION II.

DU RÈGLEMENT DES INDEMNITÉS.

Art. 119. Il est institué, pour chaque service d'ingénieur en chef, une commission d'évaluation, composée de l'ingénieur en chef ou d'un ingénieur ordinaire, d'un fonctionnaire de l'intendance et de trois membres désignés par le préfet. Le Ministre de la guerre peut déléguer au général commandant la région le soin de nommer les membres de cette commission. L'autorité militaire désigne le président et le secrétaire, qui peuvent être choisis parmi les membres militaires ou parmi les membres civils.

Art. 120. La commission délibère valablement si trois membres sont présents.

En cas de partage, la voix du président est prépondérante.

Art. 121. La commission donne son avis sur les prix de chaque prestation requise et l'adresse au fonctionnaire de l'intendance chargé, par le Ministre de la guerre, de fixer l'indemnité.

L'évaluation de l'indemnité est faite sur le vu de duplicata des ordres de réquisition et des reçus établis et adressés par l'ingénieur en chef ou l'ingénieur ordinaire.

Dans les délais prévus par l'article 26 de la loi du 3 juillet 1877, le fonctionnaire de l'intendance notifie directement, en la forme administrative, à l'ayant droit ou à son mandataire légal, le chiffre des indemnités allouées. Il leur fait connaître en même temps qu'ils doivent lui adresser dans un délai de quinze jours leur acceptation ou leur refus.

Les refus d'acceptation du chiffre de l'indemnité allouée sont transmis par le fonctionnaire de l'intendance au juge de paix aussitôt après l'expiration du délai de quinzaine.

Les juges de paix appellent en conciliation le fonctionnaire de l'intendance et les réclamants.

Les procès-verbaux de non-conciliation pour les réclamations supérieures à 1.500 francs seront remis directement aux intéressés.

L'indemnité est ordonnancée par les soins de l'autorité militaire. En temps de guerre, le payement peut être fait en bons du Trésor portant intérêts à 5 p. 100 du jour de la livraison.

TITRE XI (1).

Des réquisitions de combustibles et de mines de combustibles.

SECTION Ire.

DE L'EXERCICE DU DROIT DE RÉQUISITION.

Art. 122. Les réquisitions de combustibles à livrer par les exploitants des mines, en application de l'article 50 de la loi du 3 juillet 1877, modifiée par la loi du 27 mars 1906, sont faites par l'autorité militaire, avec le concours et sous la surveillance des ingénieurs des mines.

Art. 123. Lorsqu'il y a lieu de requérir d'une mine des prestations en charbons extraits ou à extraire, en coke ou agglomérés fabriqués ou à fabriquer, la réquisition est notifiée à l'exploitant par l'ingénieur en chef de l'arrondissement minéralogique auquel ressortit la mine.

Art. 124. La réquisition fait connaître :

1° La nature, la sorte, la qualité du combustible requis ;

2° Les quantités à livrer à des dates indiquées ;

3° La gare ou le port desservant l'exploitation, où les combustibles devront être livrés, chargés sur wagons ou bateaux.

Art. 125. Les livraisons sont reçues, sous l'autorité de l'ingé-

(1) Titre XI et articles 122 à 128 nouveaux. (Décret du 13 novembre 1907.)

nieur en chef des mines, par les agents accrédités par lui à cet effet.

Ces agents ont le droit de procéder à toutes les vérifications ayant pour objet de constater la qualité et la quantité des combustibles fournis.

L'exploitant est tenu de mettre à leur disposition le personnel, le matériel et les installations nécessaires à cet effet et de prêter son concours à toutes les opérations faites en vue d'assurer l'expédition des combustibles.

SECTION II.

DES INDEMNITÉS.

Art. 126. Les prix seront déterminés comme il suit :

Il sera formé par arrondissement minéralogique une commission d'évaluation composée de l'ingénieur en chef ou d'un ingénieur ordinaire, d'un fonctionnaire de l'intendance, d'un exploitant, d'un négociant ou courtier en charbons et d'un industriel consommateur important de charbons ; ces trois derniers membres sont désignés par le préfet. Le Ministre de la guerre peut déléguer au général commandant la région le soin de nommer les membres de cette commission. L'autorité militaire désigne le président et le secrétaire, qui peuvent être choisis parmi les membres militaires ou parmi les membres civils.

La commission délibère valablement si trois membres sont présents.

En cas de partage, la voix du président est prépondérante.

Art. 127. La commission donne son avis sur les prix de chaque prestation requise et l'adresse au fonctionnaire de l'intendance chargé, par le Ministre, de fixer l'indemnité.

L'évaluation de l'indemnité est faite sur le vu de duplicata des ordres de réquisition et des reçus établis et adressés par l'ingénieur en chef ou l'ingénieur ordinaire.

Dans les délais prévus par l'article 26 de la loi du 3 juillet 1877, le fonctionnaire de l'intendance notifie directement, en la forme administrative, à l'avant droit ou à son mandataire légal, le chiffre des indemnités allouées. Il leur fait connaître en même temps qu'ils doivent lui adresser, dans un délai de quinze jours, leur acceptation ou leur refus.

Les refus d'acceptation du chiffre de l'indemnité allouée sont transmis par le fonctionnaire de l'intendance au Ministre de la guerre.

L'indemnité est ordonnancée par les soins de l'autorité militaire. En temps de guerre, le payement peut être fait en bons du Trésor portant intérêts à 5 p. 100 du jour de la livraison.

Art. 128. Dans le cas où il y a lieu de procéder à l'exploitation d'une mine en régie, la prise de possession par l'ingénieur en chef des mines ne peut avoir lieu qu'en vertu d'un arrêté spécial du Ministre de la guerre, notifié à l'exploitant.

La prise de possession s'étend au matériel et aux approvisionnements affectés à l'exploitation.

L'ingénieur en chef a le droit de requérir directement tout le personnel dont le concours lui est nécessaire.

Il fait dresser immédiatement, en présence de l'exploitant ou lui dûment appelé, un inventaire descriptif du matériel, des approvisionnements et des stocks dont il a pris possession.

Il exploite en se conformant autant que possible au plan général et à la méthode suivis par l'exploitant.

TITRE XII (1).

DES RÉQUISITIONS RELATIVES AUX ÉTABLISSEMENTS INDUSTRIELS.

Section I. — De l'exercice du droit de réquisition.

« Art. 129. La réquisition des établissements industriels prévus par l'article 58 de la loi du 3 juillet 1877 modifié par la loi du 23 juillet 1911 est notifiée à l'exploitant de l'établissement ou à son représentant par les autorités déléguées par le Ministre aux termes de l'article 10.

« Art. 130. La réquisition fait connaître l'établissement qui doit satisfaire à la réquisition, la nature, la qualité des matières et objets requis, les quantités à livrer et les dates de livraison.

« Art. 131. Les livraisons sont reçues dans l'établissement requis par les agents accrédités par l'autorité militaire.

« Ces agents procèdent à toutes les vérifications ayant pour

(1) Titre nouveau. (Décret du 2 août 1914.)

objet de constater la qualité et la quantité des objets fournis. L'exploitant est tenu de mettre à leur disposition le personnel, le matériel et les installations nécessaires à cet effet, et de prêter son concours à toutes les opérations faites en vue de l'expédition des livraisons.

« Art. 132. Dans les cas où il y a lieu de procéder à l'exploitation directe d'un établissement industriel, la prise de possession par l'autorité militaire ne peut avoir lieu qu'en vertu d'un arrêté du Ministre de la guerre notifié à l'exploitant.

« La prise de possession s'étend au matériel et aux approvisionnements affectés à l'exploitation.

« L'autorité militaire a le droit de requérir, par le même acte, le personnel dont le concours lui est nécessaire. Notification collective de cette réquisition est faite au personnel intéressé par voie d'affiche apposée dans l'établissement.

« L'inventaire descriptif du matériel, des approvisionnements et des stocks dont l'autorité militaire a pris possession est rédigé en deux originaux dont l'un reste aux mains de l'exploitant et l'autre est conservé par l'autorité requérante.

« L'autorité militaire exploite en se conformant autant que possible aux procédés et moyens suivis par l'exploitant. »

Section II. — Des indemnités.

« Art. 133. Pour chaque catégorie d'établissements, la commission d'évaluation des indemnités est composée d'un représentant du service auquel est destinée la livraison, d'un fonctionnaire de l'intendance, d'un exploitant désigné dans la même industrie, d'un négociant ou courtier en produits similaires et d'un membre d'une Chambre de commerce.

« Le Ministre nomme les membres de chaque commission et détermine la circonscription dans laquelle elle exerce ses attributions. Il désigne également le président et le secrétaire qui peuvent être choisis parmi les membres militaires ou les membres civils.

« La commission délibère valablement si trois membres sont présents.

« En cas de partage, la voix du président est prépondérante.

« Art. 134. La commission donne son avis sur le chiffre de l'indemnité et l'adresse au Ministre.

« L'évaluation de la commission est faite sur le vu des duplicata des ordres de réquisition, des reçus des livraisons, en ce qui concerne le cas prévu à l'article 131, des dates de la prise de possession et de la cessation d'exploitation, en ce qui concerne le cas prévu à l'article 132, ainsi que de tous documents susceptibles d'éclairer la commission adressés par l'exploitant au Ministre avec sa demande d'indemnité.

« Dans les délais prévus par l'article 26 de la loi du 3 juillet 1877, le Ministre notifie directement, en la forme administrative, à l'exploitant ou à son représentant, le chiffre des indemnités allouées.

« Il lui fait connaître en même temps qu'il doit lui adresser dans un délai de quinze jours son acceptation ou son refus. A l'expiration de ce délai, le chiffre de l'indemnité, s'il n'est pas contesté, est considéré comme définitif.

« L'indemnité est ordonnancée par les soins de l'autorité militaire. En temps de guerre, le paiement peut être fait en bons du Trésor, portant intérêt à 5 p. 100 du jour de la livraison

TITRE XIII.

DES RÉQUISITIONS DES MARCHANDISES DÉPOSÉES DANS LES ENTREPOTS DE DOUANE ET DANS LES MAGASINS GÉNÉRAUX, OU EN COURS DE TRANSPORT PAR VOIE FERRÉE.

SECTION I. — De l'exercice du droit de réquisition.

« Art. 135. La réquisition des marchandises déposées dans les entrepôts de douane et dans les magasins généraux ou en cours de transport par voie ferrée, en application de l'article 59 de la loi du 3 juillet 1877, modifié par la loi du 23 juillet 1911, est notifiée par les autorités déléguées par le Ministre, soit au gérant de l'entrepôt ou du magasin général, soit au chef de gare.

« Pour l'application dudit article 59, sont considérées comme marchandises en cours de transport, les marchandises en possession du chemin de fer entre le moment où elles lui sont remises par l'expéditeur dans les formes régulières et le moment où le destinataire en prend régulièrement livraison.

« Art. 136. Sur l'initiative de l'autorité requérante, le gérant ou le chef de gare est tenu de faire connaître sommairement les ressources existant en magasin ou en cours de transport. La réquisition fait connaître la nature et la quantité des marchandises requises.

« Art. 137. Il est dressé, au moment de la remise à l'autorité requérante, un inventaire des marchandises réquisitionnées contenant, avec la mention du numéro du lot et des ayants droit connus pour les marchandises déposées dans les entrepôts et les magasins généraux, ou celle de l'expéditeur, s'il est connu, pour les marchandises en cours de transports, toutes les indications telles qu'origine, espèce, qualité, quantités, poids, etc., de nature à préciser la valeur des fournitures. L'inventaire est établi contradictoirement par un représentant de l'autorité requérante et par le gérant de l'entrepôt ou du magasin général, ou par le chef de gare, lesquels, en cas de désaccord, consignent leurs observations au procès-verbal.

« Ce document est rédigé en trois originaux, dont un reste entre les mains du gérant, ou du chef de gare, et un autre est conservé par l'autorité requérante. Une copie ou un extrait en est remis au receveur des douanes pour les marchandises prises en entrepôt, ou dans les wagons, sous plomb de douane.

« Dès que l'inventaire est établi, l'autorité requérante prévient individuellement les ayants droit connus, s'il s'agit de marchandises déposées dans les entrepôts et magasins généraux, et, s'il s'agit de marchandises en cours de route, l'expéditeur s'il est connu.

Section II. — Des indemnités.

« Art. 138. Le troisième exemplaire de l'inventaire visé à l'article 137 est adressé dans un délai de vingt jours par le gérant ou le chef de gare, au préfet du département qui le transmet à la commission d'évaluation des réquisitions du département dans lequel est situé le magasin général ou l'entrepôt ou la gare de chemin de fer. Cet inventaire est accompagné des demandes que les intéressés peuvent produire dans le délai précité.

« Art. 139. L'évaluation des indemnités est faite sur le vu de l'inventaire et, s'il y a lieu, des demandes de prix, par la commission prévue à l'article précédent. Les indemnités sont basées, en ce qui concerne les marchandises placées sous le régime de l'entrepôt réel ou fictif, sur les prix des marchandises en entrepôt, déduction faite des droits.

« Art. 140. Le fonctionnaire de l'intendance chargé du règlement des indemnités notifie directement, par lettre recommandée, aux ayants droit connus pour les marchandises déposées dans les entrepôts et magasins généraux, et à l'expéditeur, s'il est connu, pour les marchandises en cours de transport, le chiffre des indemnités allouées; il porte, en même temps, ce chiffre à la connaissance du gérant de l'entrepôt ou du magasin général ou du chef de gare, et lui renvoie l'inventaire sus-mentionné, revêtu de son visa et de l'indication de la date à laquelle est effectuée la signification.

« Art. 141. Le délai de quinze jours visé à l'article 26 de la loi du 3 juillet 1877 part de la notification faite aux ayants droit ou à l'expéditeur en vertu de l'article précédent.

« Les refus d'acceptation du chiffre de l'indemnité allouée sont adressés au fonctionnaire de l'intendance chargé du règlement des indemnités qui les transmet au juge de paix aussitôt après l'expiration du délai susvisé.

« Art. 142. Les mandats de payement sont délivrés au nom des ayants droit pour les marchandises déposées dans les entrepôts et magasins généraux ou de l'expéditeur pour les marchandises en cours de transport.

« En outre, les frais dus pour transport, manutention ou toute autre cause, soit antérieurement à la réquisition, soit à l'occasion de cette réquisition, sont réglés après avis de la commission départementale d'évaluation des réquisitions, sur la production d'un état décompté, dressé par le gérant de l'entrepôt ou du magasin général, ou par le chef de gare.

« Pour les marchandises placées sous le régime de l'entrepôt réel ou fictif, ainsi que pour celles qui sont expédiées en transit par les voies ferrées, un arrêté ministériel réglera les conditions suivant lesquelles seront acquittés, par l'administration de la guerre, les droits de toute nature dont seraient passibles les marchandises réquisitionnées.

TITRE XIV.

DISPOSITIONS GÉNÉRALES.

« Art. 143. Les règlements antérieurs sont abrogés en ce qu'ils ont de contraire au présent décret.

« Art. 144. Les Ministres de la guerre et de la marine sont chargés, chacun en ce qui le concerne, de l'exécution du présent décret qui sera publié au *Journal officiel* et inséré au *Bulletin des lois*. »

Art. 3. Les dispositions du présent décret sont applicables aux réquisitions exercées, pour les besoins de l'armée de mer, par l'autorité maritime. En ce cas, les attributions dévolues par le présent décret au Ministre de la guerre sont exercées par le Ministre de la marine et celles qui sont confiées aux généraux commandant les corps d'armée appartiennent aux préfets maritimes. Le règlement des indemnités pour réquisition de marchandises est soumis à l'examen de la commission mixte prévue à l'article 71 du décret du 2 août 1877.

Une décision concertée entre les deux Ministres intéressés règle les conditions dans lesquelles chacun d'eux sera admis à exercer le droit de réquisition, lorsque ces réquisitions seront susceptibles de porter sur les mêmes établissements industriels ou sur les mêmes produits ou marchandises.

DÉPARTEMENT
d

COMMUNE
d

MODÈLE A.

Le présent modèle est employé pour les animaux, denrées, matières et objets de toute nature que l'autorité militaire a requis à titre définitif et qu'elle a conservés.

SERVICE d(1)

(1) Indiquer ici le service administratif duquel dépendent les prestations fournies.

ÉTAT NOMINATIF des habitants de la commune d qui ont droit au paiement de prestations fournies par suite de réquisitions.

NOTA. — Les services administratifs du ministère de la guerre sont les suivants :

1° *Vivres.* — Ce service comprend le blé, la farine, le pain, la viande abattue ou sur pied, le vin, l'eau-de-vie, etc., etc., en un mot les denrées et liquides destinés à l'alimentation des hommes, les sacs et autres récipients qui les contiennent, les ustensiles d'exploitation du service, ainsi que la nourriture de la troupe chez l'habitant.

Le prix est fixé par cent kilogrammes pour les denrées et la viande, par hectolitre pour les liquides, par unité pour les récipients et objets mobiliers, par demi-journée correspondant à un repas, pour la nourriture chez l'habitant.

2° *Chauffage et éclairage.* — Ce service comprend le bois, le charbon de terre, les fagots, l'huile, la chandelle et les ustensiles d'éclairage.

Le prix est fixé par cent kilogrammes pour toutes les matières combustibles, et par unité pour les appareils d'éclairage.

3° *Fourrages.* — Ce service comprend le foin, la paille, l'avoine et autres denrées destinées à l'alimentation des chevaux et des bestiaux, ainsi que les objets mobiliers nécessaires à l'exploitation du service.

Le prix est fixé par cent kilogrammes pour les denrées, et par unité pour les objets mobiliers.

4° *Hôpitaux.* — Ce service comprend la fourniture des médicaments et objets de pansement, le traitement des malades et blessés, les visites de médecin.

Le prix est fixé, suivant la nature des médicaments et objets de pansement, par kilogramme, par mètre ou par unité; par journée, pour le traitement des malades; par unité, pour les visites de médecin.

5° *Habillement et campement.* — Ces services comprennent les étoffes, effets et objets nécessaires pour l'habillement et le campement des troupes.

Le prix est fixé, suivant la nature des fournitures faites, par mètre ou par unité.

6° *Lits militaires.* — Ce service comprend les objets de couchage pour les troupes, le logement chez l'habitant avec lits, le cantonnement.

Le prix des objets de couchage est fixé par unité, s'ils sont achetés, et par nuit, s'ils sont occupés temporairement; le prix du logement et du cantonnement est fixé par nuit et par homme.

7° *Transports.* — Ce service comprend les voitures à un ou plusieurs colliers, les chevaux de renfort requis provisoirement et les embarcations.

Le prix est fixé par unité, s'il s'agit d'une prise de possession définitive. Quand il s'agit d'un usage temporaire, le prix est fixé par journée.

8° *Remonte générale.* — Ce service comprend l'achat des chevaux et mulets.

Le prix est fixé par unité.

9° *Harnachement.* — Ce service comprend les harnais et objets de sellerie pour les chevaux de l'armée, ainsi que la ferrure.

Le prix est fixé par unité.

10° *Artillerie.* — Ce service comprend les matières et objets requis pour le service spécial de cette arme.

Le prix est fixé par kilogramme ou par unité, suivant la nature du matériel requis.

11° *Génie.* — Ce service comprend les outils et matériaux requis pour les travaux à effectuer dans l'intérêt de l'armée et le salaire des ouvriers requis.

Le prix des outils est fixé par unité, s'il s'agit d'une prise de possession définitive, et par journée, s'il s'agit d'une usage temporaire; le prix des matériaux est fixé au poids ou au mètre cube, suivant leur nature; le prix des journées de travail est fixé par unité.

(1) Le maire ne doit remplir que la première partie de l'état (colonnes de 1 à 10).
(2) Indiquer la nature de la prestation fournie.
(3) Indiquer l'unité (100 kilogrammes, kilogramme, hectolitre, demi-journée de nourriture, etc., etc.) qui sert de base au décompte.

NOMS ET PRÉNOMS.	DATES des RÉQUISITIONS.	(1) DÉCOMPTE DES INDEMNITÉS RÉCLAMÉES PAR LES											
		(2) FARINE.		(2) NOURRITURE chez l'habitant.		(2)		(2)		(2)		(2)	
		Nombre ou quantité. (3) 100 kil.	Prix.	Nombre ou quantité. (3) 1/2 journée.	Prix.	Nombre ou quantité (3)	Prix.	Nombre ou quantité (3)	Prix.	Nombre ou quantité (3)	Prix.	Nombre ou quantité (3)	Prix.
1	2	3	4	5	6	7	8	9	10	11	12	13	14
		x. k.	fr. c.		f. c.		f. c.		f. c.		f. c.		f. c.
COLLIN (Jean)	15 sept. 19	308 80	83 00	»	» »								
Idem...	23 sept. 19	»	»	40	0 75								
TOTAL ÉGAL à celui des bons de fournitures et des certificats du service exécuté, qui sont ci-annexés..........													

Le présent état, appuyé de réquisitions et de bons de fournitures ou certificats constatant l'exécution du service requis, et de procès-verbaux, est certifié par nous, maire de la commune d , aux quantités de (4) et à la somme de (5)

A , le 19

(4) Indiquer, en toutes lettres, les totaux de chacune des prestations fournies (col. 3, 5, 7, 9, 11, 13).
(5) Indiquer, en toutes lettres, le total des sommes réclamées (col. 16).
(6) Le maire inscrira dans cette colonne, suivant le cas, l'une des trois mentions suivantes : *accepte*, *refuse*, *n'a pas répondu*.

HABITANTS.		DÉCISIONS DE L'AUTORITÉ MILITAIRE FIXANT LES INDEMNITÉS ALLOUÉES.								Le Maire, soussigné, certifie que les décisions de l'autorité militaire ont été notifiées aux intéressés aux dates ci-dessous, et qu'ils ont fait à cette notification, dans le délai de 15 jours, les réponses suivantes :	
DÉCOMPTE des indemnités afférentes à chaque réquisition.	MONTANT des indemnités réclamées par chaque habitant.	Prix (colonne 4).	Prix (colonne 6).	Prix (colonne 8).	Prix (colonne 10).	Prix (colonne 12).	Prix (colonne 14).	DÉCOMPTE des indemnités allouées pour chaque réquisition.	MONTANT des indemnités allouées à chaque habitant.	DATES des NOTIFICATIONS.	RÉPONSES (6) des HABITANTS intéressés.
15	16	17	18	19	20	21	22	23	24	25	26
fr. c.	fr. c.	fr. c.	f. c.	f. c.	f. c.	f. c.	f. c.	fr. c.	fr. c.		
19.908 00	19.920 00	34 00	» »					19.339 20	19.347 20	25 oct. 19	Accepte.
12 00		» »	0 50					8 00		*Idem.*	*Idem.*
TOTAL des sommes réclamées...		TOTAL des indemnités allouées....									

Le présent état est arrêté par l'autorité militaire à la somme d

A , le 19 .

Le Sous-Intendant militaire,

A , le 19 .

Le Maire,

DÉPARTEMENT

d

COMMUNE

d

(1) Indiquer ici le service administratif auquel se rapporte la prestation fournie.

MODÈLE A *bis*.

SERVICE d (1)

Le présent modèle est employé pour les animaux, matières et objets de toute nature qui n'ont été requis par l'autorité militaire que pour un usage temporaire ou à titre de location, pour le traitement des malades, pour le logement et le cantonnement.

ÉTAT NOMINATIF *des habitants de la commune d*
qui ont droit au paiement des prestations fournies à l'autorité militaire, par suite de réquisitions.

NOTA. — Les services administratifs du département de la guerre sont les suivants :

1° *Vivres.* — Ce service comprend le blé, la farine, le pain, la viande abattue ou sur pied, le vin, l'eau-de-vie, etc., etc., en un mot les denrées et liquides destinés à l'alimentation des hommes, les sacs et autres récipients qui les contiennent, les ustensiles d'exploitation du service, ainsi que la nourriture de la troupe chez l'habitant.

Le prix est fixé par cent kilogrammes pour les denrées et la viande, par hectolitre pour les liquides, par unité pour les récipients et objets mobiliers, par demi-journée correspondant à un repas, pour la nourriture chez l'habitant.

2° *Chauffage et éclairage.* — Ce service comprend le bois, le charbon de terre, les fagots, l'huile, la chandelle et les ustensiles d'éclairage.

Le prix est fixé par cent kilogrammes pour toutes les matières combustibles, et par unité pour les appareils d'éclairage.

3° *Fourrages.* — Ce service comprend le foin, la paille, l'avoine et autres denrées destinées à l'alimentation des chevaux et des bestiaux, ainsi que les objets mobiliers nécessaires à l'exploitation du service.

Le prix est fixé par cent kilogrammes pour les denrées, et par unité pour les objets mobiliers.

4° *Hôpitaux.* — Ce service comprend la fourniture des médicaments et objets de pansement, le traitement des malades et blessés, les visites de médecin.

Le prix est fixé, suivant la nature des médicaments et objets de pansement, par kilogramme, par mètre ou par unité ; par journée, pour le traitement des malades ; par unité, pour les visites de médecin.

5° *Habillement et campement.* — Ces services comprennent les étoffes, effets et objets nécessaires pour l'habillement et le campement des troupes.

Le prix est fixé, suivant la nature des fournitures faites, par mètre ou par unité.

6° *Lits militaires.* — Ce service comprend les objets de couchage pour les troupes, le logement chez l'habitant avec lits et le cantonnement.

Le prix des objets de couchage est fixé par unité, s'ils sont achetés, et par nuit, s'ils sont occupés temporairement ; le prix du logement et du cantonnement est fixé par nuit et par homme.

7° *Transports.* — Ce service comprend les voitures à un ou plusieurs colliers, les chevaux de renfort requis provisoirement et les embarcations.

Le prix est fixé par unité, s'il s'agit d'une prise de possession définitive. Quand il s'agit d'un usage temporaire, le prix est fixé par journée.

8° *Remonte générale.* — Ce service comprend l'achat des chevaux et mulets.

Le prix est fixé par unité.

9° *Harnachement.* — Ce service comprend les harnais et objets de sellerie pour les chevaux de l'armée, ainsi que la ferrure.

Le prix est fixé par unité.

10° *Artillerie.* — Ce service comprend les matières et objets requis pour le service spécial de cette arme.

Le prix est fixé par kilogramme ou par unité, suivant la nature du matériel requis.

11° *Génie.* — Ce service comprend les outils et matériaux requis pour les travaux à effectuer dans l'intérêt de l'armée et le salaire des ouvriers requis.

Le prix des outils est fixé par unité, s'il s'agit d'une prise de possession définitive, et par journée, s'il s'agit d'un usage temporaire ; le prix des matériaux est fixé au poids ou au mètre cube, suivant leur nature ; le prix des journées de travail est fixé par unité.

(1) Le maire ne remplit que la première partie de l'état (colonnes de 1 à 13).
(2) Indiquer la nature de la prestation fournie.
(3) Indiquer en toutes lettres les totaux des prestations fournies (col. 6, 9, 12).

NOMS ET PRÉNOMS.	DATES des RÉQUISITIONS.	DURÉE DE LA RÉQUISITION du	DURÉE DE LA RÉQUISITION au (inclus)	(1) DÉCOMPTE DES INDEMNITÉS RÉCLAMÉES — (2) VOITURES à un collier — Nombre.	Nombre de journées.	Prix par journée.	(2) VOITURES à deux colliers — Nombre.	Nombre de journées.	Prix par journée.	(2) — Nombre.	Nombre de journées.	Prix par journée.
1	2	3	4	5	6	7	8	9	10	11	12	13
						fr. c.			fr. c.			
Denis (Pierre)......	15 oct. 19	15 oct..	17 oct..	2	6	5 »	»	1	»			
Idem.........	24 oct. 19	25 oct..	»	»	»	»	1	»	10 »			
Total égal à celui des bons de fournitures et des certificats du service exécuté, qui sont ci-annexés..........												

Le présent état, appuyé de réquisitions et de bons de fournitures ou certificats constatant l'exécution du service requis, et de procès-verbaux, est certifié par nous, maire de la commune d aux quantités de (3)

et à la somme de (4)

A , le 19 .

(4) Indiquer en toutes lettres le total des sommes réclamées (col. 15).
(5) Le maire inscrira dans cette colonne, suivant le cas, l'une des trois mentions suivantes : *accepte, refuse, a pas répondu.*

PAR LES HABITANTS.		DÉCISIONS DE L'AUTORITÉ MILITAIRE FIXANT LES INDEMNITÉS ALLOUÉES.					Le Maire, soussigné, certifie que les décisions de l'autorité militaire ont été notifiées aux intéressés aux dates ci-dessous et qu'ils ont fait à cette notification, dans le délai de 15 jours, les réponses suivantes :	
DÉCOMPTE des indemnités afférentes à chaque ré-quisition.	MONTANT des indemnités réclamées par chaque habitant.	Prix par journée (col. 7).	Prix par journée (col. 10).	Prix par journée (col. 13).	DÉCOMPTE des indemnités allouées pour chaque ré-quisition.	MONTANT des indemnités allouées à chaque habitant.	DATES des NOTIFICATIONS.	(5) RÉPONSES des HABITANTS INTÉRESSÉS.
14	15	16	17	18	19	20	21	22
fr. c.	fr. c.	fr. c.	fr. c.		fr. c.	fr. c.		
30 » 10 »	40 »	5 » »	» 8 »		30 » 8 »	38 »	15 nov. 19	N'a pas répondu.
TOTAL des sommes réclamées....		TOTAL des indemnités allouées.						

Le présent état est arrêté par l'autorité militaire à la somme de

A , le 19

Le Sous-Intendant militaire,

A , le 19

Le Maire,

DÉPARTEMENT
d

—

COMMUNE
d

(1) Indiquer le service administratif (vivres, fourrages, logement, transports, etc., etc.) auquel les prestations fournies se rapportent.

(2) Indiquer en toutes lettres la nature et l'importance des prestations fournies, dont le règlement a été accepté par les intéressés.

(3) A remplir par l'administration militaire.

(4) Désignation du comptable qui a reçu les fournitures ou qui est chargé de leur régularisation.

(5) Bordereau des certificats constatant l'exécution des services requis, procès-verbaux, ou, à défaut, extraits des décisions de l'autorité militaire compétente.

MODÈLE **B.**

SERVICE d[1]

ÉTAT des sommes dues aux habitants de la commune d qui sont dénommés ci-après, pour paiement des prestations qu'ils ont fournies par suite de réquisitions et dont le détail suit :

SAVOIR :

(2) (Exemples.)

Pain : — sept cent quarante-trois kilogrammes, ci........................ 7x 43k

Nourriture chez l'habitant : — cinq cent vingt-quatre demi-journées, ci........ 524

(ou)

.... journées de location de pelles.
.... journées de location de pioches.

(ou)

.... journées de voitures à un collier.
.... journées de voitures à deux colliers.

A , le 19 .

Le Maire,

(Voir d'autre part.)

---

(3) Pris en charge par le (4) soussigné.

A , le 19 .

(ou)

La fourniture des prestations indiquées ci-dessus est justifiée par les pièces (5) ci-annexées, au nombre de

, le 19 .

Le Sous-Intendant militaire,

(1) Chaque habitant émarge au moment où il est payé par le receveur municipal.

NOMS ET PRÉNOMS	SOMME à payer à chaque habitant.	ÉMARGEMENT PORTANT QUITTANCE (1). Les soussignés reconnaissent avoir reçu les sommes ci-contre pour paiement intégral des prestations auxquelles elles se rapportent.
TOTAL..........		

CERTIFIÉ par nous, Maire de la commune d
la somme de (*en toutes lettres*).

A , le 19 .

VU, VÉRIFIÉ et ARRÊTÉ le présent état à la somme de
laquelle a été ordonnancée en un mandat n° , en date du
au nom du receveur municipal de la commune d

A , le 19 .

Le Sous-Intendant militaire,

DÉPARTEMENT

d

COMMUNE

d

MODÈLE C.

SERVICE DE LA REMONTE.

(1) Cet état doit être produit en deux expéditions.
(2) Indiquer la commune où siège la commission de réquisition.
(3) Indiquer le numéro de la catégorie suivi d'un O pour les chevaux d'officier et d'un T pour les chevaux de troupe et les mulets.
(4) Chaque propriétaire émarge au moment où il est payé par le receveur municipal.
(5) Indiquer en toutes lettres le nombre de chevaux d'officier et le nombre de chevaux de troupe de chaque catégorie.
(6) Cette partie de l'état est remplie par le sous-intendant militaire.

ÉTAT (1) des sommes dues aux habitants de la commune d qui sont dénommés ci-après, pour paiement des chevaux, juments, mulets et mules qu'ils ont livrés à la commission de réquisition de (2) *à la date du* 19 , SAVOIR :

NOMS ET PRÉNOMS des propriétaires.	CATÉGORIE des ANIMAUX REQUIS (3).	NUMÉRO sur le tableau de classement de la commune.	NUMÉRO matricule donné par la commission.	PRIX DES ANIMAUX requis.	SOMMES REVENANT à chaque propriétaire.	ÉMARGEMENT PORTANT QUITTANCE (4). Les soussignés reconnaissent avoir reçu les sommes indiquées ci-contre pour paiement intégral des chevaux, juments, mulets et mules désignés au présent état.
GUILLOT (Adrien).	1 — O	25	106	1625 »	2525 »	
Idem	7 — T	27	152	900 »		
TOTAL..........						

Le présent état est certifié par nous, maire de la commune d aux quantités de (5) et à la somme totale de

A le 19 .

(6) Il appert de l'extrait du procès-verbal rapporté le par le président de la commission, nº , siégeant à qu'il a pris charge des animaux indiqués ci-dessus.

A , le 19

Le Sous-Intendant militaire,

VU, VÉRIFIÉ et ARRÊTÉ le présent état à la somme de laquelle a été ordonnancée en un mandat nº , en date du au nom du receveur municipal de la commune d

A le 19

Le Sous-Intendant militaire,

DÉPARTEMENT

d

—

COMMUNE

d

—

NOTA. — Il est établi un état pour les voitures et un autre pour les harnais.

MODÈLE D.

SERVICE d (1)

(1) *Harnachement*, s'il s'agit de harnais, et *équipages militaires*, s'il s'agit de voitures.
(2) A produire en deux expéditions.
(3) *Voitures* ou *harnais*, suivant le cas.
(4) Commune où siège la commission.
(5) *A 2 roues*, s'il s'agit de voitures, et *de derrière*, s'il s'agit de harnais.
(6) *A 4 roues*, s'il s'agit de voitures, et *de devant*, s'il s'agit de harnais.
(7) Les propriétaires émargent au moment où ils sont payés par le receveur municipal.
(8) Indiquer en toutes lettres soit le nombre de voitures à 2 et à 4 roues, soit le nombre de harnais de devant et de derrière.
(9) Cette partie de l'état est remplie par le sous-intendant militaire.

ÉTAT (2) des sommes dues aux habitants de la commune d qui sont dénommés ci-après, pour paiement des (3) qu'ils ont livrés à la commission de réquisition d (4) , à la date du ,
SAVOIR :

NOMS ET PRÉNOMS des propriétaires.	NUMÉRO DE LA VOITURE sur le procès-verbal de tirage de la commune.	NOMBRE de (3) requis. (5)	(6)	PRIX	DÉCOMPTE en deniers.	Sommes revenant à chaque propriétaire.	ÉMARGEMENT PORTANT QUITTANCE (7) Les soussignés reconnaissent avoir reçu les sommes indiquées ci-contre pour paiement intégral des (3) compris au présent état.
TOTAUX......							

Le présent état est certifié par nous, maire de la commune d aux quantités de (8) (*en toutes lettres*) et à la somme de (*en toutes lettres*)

A , le 19

(9) Il appert de l'extrait du procès-verbal rapporté le , par le président de la commission, n° , siégeant à , qu'il a pris charge des (3) indiqués ci-dessus.

A , le 19

Le Sous-Intendant militaire,

VU, VÉRIFIÉ et ARRÊTÉ le présent état à la somme de laquelle a été ordonnancée en un mandat n° , en date du au nom du receveur municipal de la commune d

A , le , 19

Le Sous-Intendant militaire,

Note ministérielle relative aux réquisitions dans les eaux maritimes.

(Cabinet du Ministre ; Bureau de la Correspondance générale.)

Paris, le 25 juin 1885.

Le Ministre de la guerre appelle l'attention des autorités militaires sur la circulaire suivante, émanant du Ministre de la marine, qui détermine l'autorité à laquelle doivent être adressées, en dehors des chefs-lieux de quartier maritime, les réquisitions de navires ou de bateaux.

« ***Le Ministre de la marine et des colonies à MM. les vice-amiraux commandant en chef, préfets maritimes, commissaires généraux de la marine, chefs du service de la marine, commissaires de l'inscription maritime.***

« Messieurs,

« J'ai été consulté sur la question de savoir à quelle autorité doivent être adressées, dans les eaux maritimes, les réquisitions relatives à l'emploi temporaire de navires, bateaux ou embarcations de toute nature, et de tout ou partie de leurs équipages, lorsqu'il y a lieu d'exercer ces réquisitions en dehors d'un chef-lieu de quartier, c'est-à-dire hors de la résidence d'un commissaire de l'inscription maritime.

« Aux termes de l'article 23 de la loi du 3 juillet 1877, les réquisitions dont il s'agit « se font par l'intermédiaire de l'administration de la marine, sur les points du littoral où elle est représentée » ; de plus, d'après l'article 43 du règlement d'administration publique du 2 août 1877, rendu en exécution de cette loi, lesdites réquisitions sont adressées au représentant de la marine, s'il y en a un dans la localité.

« Or, en dehors des chefs-lieux de quartier, les syndics des gens de mer sont les représentants de la marine, et se trouvent, en conséquence, substitués aux maires pour les réquisitions de l'espèce, à titre de suppléants des commissaires de l'inscription maritime. C'est donc aux syndics des gens de mer que doivent, dans ce cas, être adressées les réquisitions militaires.

« Cette solution est, du reste, conforme à l'esprit de la loi du 3 juillet 1877, qui a jugé l'intervention de l'autorité maritime indispensable en pareille circonstance et qui, dans l'article 68 du décret précité du 2 août suivant, a spécifié qu'en l'absence d'un représentant de la marine, l'autorité militaire devait s'adresser directement au capitaine du navire, sans passer par l'autorité municipale. »

Instruction ministérielle relative à la constitution et au fonctionnement de la commission centrale et des commissions départementales d'évaluation des réquisitions sur le territoire national en cas de mobilisation générale (1).

(5ᵉ Direction ; Cabinet du Directeur ; Ravitaillement.)

Paris, le 10 mai 1894.

CHAPITRE Iᵉʳ.

COMMISSION CENTRALE.

La commission centrale prévue à l'article 44 du décret du 2 août 1877 pour l'exécution de la loi relative aux réquisitions militaires est constituée en temps de paix.

Sa composition est la suivante :

Un contrôleur général de l'administration de l'armée, *président* ;

Le directeur du contrôle des administrations financières et de l'ordonnancement au ministère des finances ;

Le directeur du commerce et de l'industrie, au ministère du commerce et de l'industrie ;

Le chef du 1ᵉʳ bureau de l'administration départementale et communale au ministère de l'intérieur ;

Le chef du 4ᵉ bureau de la direction de l'agriculture (office de renseignements agricoles) au ministère de l'agriculture ;

---

(1) Modifiée par les notifications du 13 septembre 1901 et du 10 février 1906.

Deux membres de la chambre de commerce de Paris ;

Deux fonctionnaires du corps du contrôle de l'administration de l'armée ;

Un sous-intendant militaire, attaché à la 5e direction (Intendance).

Le président choisit le secrétaire parmi les membres militaires de la commission.

Cette assemblée peut s'adjoindre, à titre de membre consultatif, toute personne qu'elle juge propre à éclairer ses travaux.

Le président et les membres de la commission sont nommés par le Ministre de la guerre.

Les représentants de la chambre de commerce de Paris sont désignés par le Ministre de la guerre, sur la proposition du président de cette chambre.

La liste des membres de la commission est constamment tenue à jour au ministère de la guerre.

La commission est convoquée, en temps de paix, lorsque le Ministre de la guerre le juge nécessaire ; en temps de guerre, elle doit se réunir sur la convocation du président, le deuxième jour de la mobilisation.

Le fonctionnement de la commission centrale est rattaché à la direction du contrôle au ministère de la guerre.

Les attributions principales de la commission centrale embrassent :

1° Les rapports avec les commissions départementales d'évaluation des réquisitions ;

2° Les mesures pour assurer l'uniformité et la régularité des liquidations ;

3° Les avis à émettre sur toutes les difficultés auxquelles peut donner lieu le règlement des indemnités relatives aux réquisitions militaires.

§ 1er. — *Rapports avec les commissions départementales.*

Les tarifs établis par les commissions d'évaluation doivent être arrêtés par le Ministre de la guerre (art. 48 du décret du 2 août 1877). La commission centrale est, pour cet objet, le conseil du Ministre. Elle provoque les explications des commissions départementales et se fait communiquer les éléments qui ont servi de base à la détermination des prix.

Il lui appartient de choisir le mode de tarification uniforme qui devra être mis en pratique pour les divers objets susceptibles d'être réquisitionnés dans chaque département, d'en préparer ou d'en contrôler l'application.

Pour les objets non compris dans les tarifs, la commission comparera les prix payés dans les diverses régions ; elle rapprochera les propositions faites par les commissions départementales des fixations arrêtées par l'intendant de corps d'armée, et elle s'efforcera d'assurer, dans l'appréciation des dommages, l'uniformité compatible avec les différences qui peuvent exister dans la situation économique des diverses régions.

La commission aura également à examiner l'opportunité de certaines réquisitions sur lesquelles le Ministre peut être appelé à se prononcer (emploi anormal d'établissements industriels, article 6 de la loi du 3 juillet 1877); elle émettra, à cet égard, un avis motivé.

§ 2. — *Liquidation et payement.*

La commission centrale, à qui seront adressés les rapports de liquidation, s'assurera, par l'examen de ces rapports et des pièces justificatives qui y sont jointes (états A, A *bis*, B, etc.), que les délais fixés par la loi, soit pour la notification des indemnités allouées (art. 25 de la loi du 3 juillet 1877), soit pour l'acceptation ou le refus (art. 51 du décret du 2 août 1877), soit pour la délivrance du mandat de payement (art. 53 du décret), ont été ponctuellement observés ; que les formalités prescrites par les articles 49, 51 et 52 du décret du 2 août 1877 ont été exactement suivies, et, d'une manière générale, que les droits des prestataires, comme ceux de l'Etat, ont été sauvegardés.

La commission pourra être appelée à formuler son avis sur les catégories de réquisition dont le paiement pourra être fait en bons du Trésor (art. 27 de la loi du 3 juillet 1877).

§ 3. — *Difficultés contentieuses.*

Il importe de prévoir les difficultés auxquelles l'application de la loi sur les réquisitions pourrait donner lieu. Bien que les affaires contentieuses de cette nature ne ressortissent pas à la juridiction ministérielle, le Ministre de la guerre aura, dans certains cas, à y intervenir.

a) Il interviendra préventivement lorsque des difficultés lui seront soumises soit par les commissions départementales d'évaluation, soit par les fonctionnaires de l'intendance chargés de poursuivre le règlement des indemnités.

b) L'appel en conciliation implique, pour le fonctionnaire de l'intendance, le droit de transiger. Lorsqu'il s'agira de fournitures importantes, ce fonctionnaire aura évidemment le droit de prendre, au préalable, les instructions du Ministre.

c) Si le tribunal saisi de la contestation ne statue qu'en premier ressort (art. 26 de la loi du 3 juillet 1877), il appartiendra au Ministre de décider s'il sera fait appel. Même dans le cas où l'appel ne sera pas possible, il y aura encore à examiner si le jugement n'est pas susceptible d'être déféré à la Cour de cassation pour vice de forme ou violation de la loi.

d) Enfin, en cette matière comme en toute autre, à côté de la juridiction légale, il y a encore ce que l'on appelle la juridiction gracieuse, et celle-ci est exclusivement du ressort du Ministre.

Dans ces diverses éventualités, la commission centrale aura à préparer un projet de décision.

CHAPITRE II.

COMMISSIONS DÉPARTEMENTALES.

Les commissions départementales d'évaluation, dont la création est prévue aux articles 24 de la loi du 3 juillet 1877, 45 et 46 du décret du 2 août 1877, sont également constituées dès le temps de paix. Elles sont uniformément composées de cinq membres (trois civils et deux militaires).

Le président, le secrétaire et les membres militaires sont nommés par les gouverneurs militaires et les généraux commandants de corps d'armée ; les préfets désignent à la nomination de ces officiers généraux les membres civils, qui seront pris, autant que possible, dans le sein du comité départemental de ravitaillement.

Les officiers appelés à faire partie des commissions départementales doivent être choisis parmi ceux qui sont dégagés de toute obligation militaire et reconnus aptes à remplir des fonctions sédentaires (dépêche ministérielle n° 2909 du 21 juillet 1893, Etat-Major de l'Armée).

La liste des membres de chaque commission est constamment tenue à jour de concert avec le préfet du département ; cette liste comprend des membres suppléants.

Les membres titulaires ou suppléants reçoivent, dès le temps de paix, des lettres de service établies par les autorités qui les ont nommés. Les lettres de service adressées aux membres titulaires mentionnent l'obligation, pour ces derniers, de se rendre, sans autre avis, le premier jour de la mobilisation, à la préfecture, à une heure déterminée.

Les préfets veillent à ce que les commissions départementales d'évaluation se réunissent d'office, dans ces conditions, le premier jour de la mobilisation.

Les commissions départementales fonctionnent dans les conditions indiquées aux articles 24 de la loi du 3 juillet 1877, 47, 49 et 50 du décret du 2 août 1877.

Indépendamment des attributions qui leur sont dévolues par la loi du 3 juillet 1877 et le décret du 2 août suivant en matière de réquisition, elles proposent, pour les différentes denrées ou matières à réunir par voie d'achats à caisse ouverte par les commissions de réception du service du ravitaillement (art. 6 du décret du 3 septembre 1900 et art. 3 de l'instruction du 3 septembre 1900) des tarifs qui sont arrêtés par le Ministre, ou, lorsque le degré d'urgence le nécessite, par les autorités chargées du ravitaillement.

1° *Achats à caisse ouverte par les commissions de réception du service du ravitaillement.*

Les commissions départementales d'évaluation des réquisitions reçoivent du préfet des tableaux dressés, en double expédition, par les autorités chargées du ravitaillement et indiquant, par centre de réception, les denrées, matières ou récipients à réunir par voie d'achats à caisse ouverte. Elles proposent, pour ces denrées ou objets, un prix d'achat, en s'inspirant de la nécessité d'assurer le succès des opérations du service du ravitaillement, tout en ménageant les intérêts du Trésor. Elles ne tiennent pas compte, dans leur appréciation, des frais de transport des approvisionnements, des communes aux centres de réception, ces transports étant organisés par réquisition et réglés en conséquence dans les formes prévues au titre V de la loi du 3 juillet 1877 et du décret du

2 août suivant. Les prix proposés peuvent d'ailleurs être différents par centre, suivant les différences de cours habituelles dans les diverses régions du département.

Les commissions départementales d'évaluation inscrivent leurs propositions de prix aux tableaux qui leur ont été communiqués, et y indiquent les bases de leur tarification. Elles en adressent, dans le plus bref délai possible, une expédition au Ministre de la guerre (5e Direction), et retournent l'autre à l'autorité dont elle émane.

Les modifications qu'il y aurait lieu d'apporter à cette première tarification sont étudiées et proposées dans les mêmes formes.

2° *Réquisitions.*

Les commissions départementales d'évaluation déterminent, suivant la situation économique du département, les catégories de prestations pour lesquelles il y a lieu d'établir des tarifs ; elles dressent les projets de tarifs départementaux et les soumettent, le plus tôt possible, à l'approbation du Ministre ; les prix de ces tarifs ne doivent pas être supérieurs à ceux des achats à caisse ouverte.

Lorsque ces tarifs ont été approuvés par le Ministre, ils sont notifiés par l'autorité militaire régionale aux autorités civiles et militaires qui sont appelées à en faire usage. Dans l'intérêt des particuliers, ces tarifs sont également insérés dans les principaux organes locaux de publicité.

Les objets, denrées ou services susceptibles d'être réquisitionnés et qui ne sont pas compris dans les tarifs départementaux ne sont pas l'objet d'une évaluation à fixer préalablement. Les commissions départementales sont appelées à donner leur avis sur les prix de chaque prestation et sur les différences qui peuvent se produire entre les quantités réclamées et celles qui résultent des reçus de réquisition dans les conditions prévues à l'article 50 du décret du 2 août 1877.

Les commissions départementales seront appelées à donner leur avis lorsque le général commandant le corps d'armée aura à se prononcer d'urgence sur l'opportunité des réquisitions relatives à l'emploi d'établissements industriels pour la fourniture de produits autres que ceux qui résultent de leur fabrication normale (art. 6 de la loi du 3 juillet 1877).

Les modifications qu'il y aurait lieu d'apporter aux tarifs départementaux sont étudiées, proposées, approuvées et notifiées dans les mêmes conditions que pour le premier établissement de ces tarifs.

Les rapports des commissions départementales avec la commission centrale sont indiqués dans la partie de la présente instruction qui traite de cette assemblée.

Les commissions départementales pourront, sur l'ordre ou l'autorisation du Ministre de la guerre, être convoquées, dès le temps de paix, afin de poser les bases de leurs travaux et de préparer l'exécution de la mission qui leur sera confiée à la mobilisation.

Le commandement territorial pourra désigner des officiers et fonctionnaires de l'armée active pour assister à ces réunions du temps de paix et participer, avec voix consultative seulement, aux travaux d'études des commissions départementales.

Instruction relative à l'exercice du droit de réquisition pour le logement, le cantonnement et la subsistance des troupes rassemblées en temps de paix, pour une cause quelconque. (Application des articles 2 et 4 du décret du 2 août 1877 portant règlement d'administration publique pour l'exécution de la loi du 3 juillet 1877 sur les réquisitions militaires.)

(Etat-Major de l'Armée ; Bureau de l'Organisation et de la Mobilisation générales et Bureau des Opérations militaires et de l'Instruction générale de l'Armée.)

Paris, le 20 décembre 1901.

1° Rassemblements de troupes occasionnés par l'appel des réservistes ou territoriaux convoqués pour une période d'exercices.

Lorsque les ressources du casernement, ajoutées à celles provenant des locaux qui peuvent être mis par les municipalités à la disposition de l'autorité militaire, ne permettent pas d'installer convenablement les réservistes et territoriaux convoqués pour une période d'instruction, il y a lieu de recourir à la réquisition du logement ou du cantonnement.

Dans ce cas, les généraux commandant les corps d'armée font connaître au Ministre de la guerre, sous le timbre : Etat-Major de l'Armée, Bureau de l'Organisation et de la Mobilisation générales, au moins vingt jours avant la date fixée pour les convocations :

1° Les motifs pour lesquels il n'est pas possible d'assurer, autrement que par voie de réquisition, le logement ou le cantonnement des hommes convoqués ;

2° Les dates auxquelles l'exercice du droit de réquisition devra commencer et prendre fin ;

3° La ou les communes dans lesquelles l'exercice de ce droit devra être ouvert.

Après que les renseignements énumérés ci-dessus lui sont parvenus, le Ministre envoie aux généraux commandant les corps d'armée intéressés des arrêtés modèle n° 1 fixant les dates d'ouverture et de fermeture de l'exercice du droit de réquisition.

Ces arrêtés sont notifiés au Ministre de l'intérieur par les soins du Ministre de la guerre et aux préfets intéressés par les soins des généraux commandant les corps d'armée. Ils ne sont pas insérés au *Journal officiel* de la République française.

En notifiant les arrêtés aux préfets des départements intéressés, les généraux commandant les corps d'armée leur en adressent un nombre d'ampliations suffisant pour qu'ils soient publiés et affichés dans les communes où des réquisitions pourront être exercées (article 2 du décret du 2 août 1877 et loi du 5 avril 1884, article 96).

2° Rassemblements de troupes sur divers points du territoire et pour des causes diverses, autres que des exercices ou manœuvres de toute nature (1).

Chaque année, dans le courant du mois de décembre, le Ministre prend un arrêté portant ouverture du droit de réquisition en prévision des événements tels que troubles, grèves, inondations, etc., nécessitant des déplacements subits de troupes, qui surviendraient dans le courant de l'année suivante.

---

(1) Circulaire du 17 décembre 1910, (*B. O.*, p. 2172).

Cet arrêté (modèle n° 2) vise l'ouverture du droit de réquisition non seulement pour le logement ou le cantonnement mais encore pour la subsistance des troupes.

Des imprimés de cet arrêté sont détenus constamment par les généraux commandant les corps d'armée, qui sont avisés, chaque année, par les soins de l'état-major de l'armée (1er Bureau), de la date à laquelle l'arrêté annuel a été pris par le Ministre.

Les imprimés dont il s'agit seront, au moment du besoin, complétés par l'indication, dans chaque cas particulier, des dates d'ouverture de l'exercice du droit de réquisition, par celle des communes ou portions de territoire où ce droit pourra être exercé, *par le nom du Ministre qui a pris l'arrêté au mois de décembre précédent*, ainsi que par la date de cet arrêté (1).

Un compte rendu télégraphique sera envoyé d'urgence au Ministre chaque fois qu'il aura été fait application des dispositions qui précèdent. Ce compte rendu spécifiera nettement les circonscriptions administratives auxquelles doit s'appliquer le droit de réquisition.

L'ouverture du droit de réquisition dans une ou plusieurs circonscriptions administratives déterminées est ensuite notifiée au Ministre de l'intérieur, par les soins du Ministre de la guerre, et aux préfets intéressés par les soins des généraux commandant les corps d'armée, qui prennent, en outre, toutes les mesures nécessaires pour que l'affichage de l'arrêté soit fait, le plus tôt possible, dans les communes intéressées.

Au besoin, chaque chef de détachement est pourvu, à son départ de sa garnison, d'une ampliation de l'arrêté de réquisition.

Lorsqu'il y a lieu de faire cesser l'exercice du droit de réquisition sur le territoire des circonscriptions administratives où il aura été ouvert, un arrêté du Ministre de la guerre (modèle n° 3), pris sur la proposition du général commandant le corps d'armée, fixera la date à partir de laquelle il ne pourra plus être exercé de réquisitions sur le territoire des circonscriptions désignées.

Cet arrêté sera notifié et publié ainsi qu'il est dit ci-dessus pour l'ouverture de l'exercice du droit de réquisition. »

3° Rassemblements des troupes à l'occasion des manœuvres et exercices de toute nature.

Chaque année, dans le courant du mois de décembre, le Ministre prend un arrêté portant ouverture du droit de réquisi-

(1) Ces dispositions ont pour but de permettre l'utilisation de la totalité des affiches adressées aux généraux commandant les corps d'armée, quelle que soit l'année de leur mise en service.

tion à l'occasion des manœuvres et exercices de toute nature qui auront lieu dans le courant de l'année suivante.

Des imprimés de cet arrêté, en nombre suffisant pour les besoins probables d'une année, sont adressés, sous le timbre : État-Major de l'Armée, 3ᵉ Bureau, aux généraux commandant les corps d'armée.

Il appartient à ces officiers généraux de les compléter par l'indication, dans chaque cas particulier, des dates d'ouverture et de fermeture de l'exercice du droit de réquisition, et par celle des communes ou portions de territoire où ce droit pourra être exercé.

Ils les font ensuite afficher dans les communes comme il est prescrit à l'article 92 (titre III) de l'instruction générale du 18 février 1895 sur les manœuvres.

Les formules modèles nº 1, 2 et 3 nécessaires aux généraux commandant les corps d'armée pour assurer dans les conditions indiquées ci-dessus, paragraphes 1° et 2°, la notification de la publication et l'affichage des arrêtés de réquisition leur seront délivrées sur leur demande par les soins de l'administration centrale de la guerre (Service intérieur, 2ᵉ Bureau).

Il devra être constitué, en tout temps, dans chaque état-major de corps d'armée, un approvisionnement suffisant de ces formules pour parer à toutes les éventualités.

MODÈLE N° 1.

RÉPUBLIQUE FRANÇAISE.

(Faisceau de drapeaux.)

MINISTÈRE DE LA GUERRE

ARRÊTÉ.

Le Ministre de la guerre,

Vu l'article 1er de la loi du 3 juillet 1877, relative aux réquisitions militaires;

Vu l'article 2 du décret du 2 août 1877, portant règlement d'administration publique pour l'exécution de la loi précitée;

Considérant qu'il est impossible d'assurer autrement que par voie de réquisition le logement des troupes qui seront rassemblées dans la commune de....., du..... au.....

Arrête :

Le droit de réquisition pour le logement ou le cantonnement des troupes rassemblées dans la commune de..... sera exercé du..... au..... inclus sur tout le territoire de cette commune.

Paris, le 19 .

Le Ministre de la guerre,

MINISTÈRE
DE LA GUERRE.

RÉPUBLIQUE FRANÇAISE.

MODÈLE N° 2.

(Faisceau de drapeaux.)

ARRÊTÉ (1).

Le Ministre de la guerre,

Vu l'article 1er de la loi du 3 juillet 1877 relative aux réquisitions militaires ;

Vu l'article 2 du décret du 2 août 1877 portant règlement d'administration publique pour l'exécution de la loi sur les réquisitions militaires,

Arrête :

A l'occasion des rassemblements de troupes qui pourront être ordonnés en 191 , pour tout motif autre que l'appel des hommes des réserves ou des manœuvres de toute nature, le droit de réquisition pour le logement ou le cantonnement et la subsistance des troupes pourra être exercé conformément à la loi dans , à partir du inclus.

Fait à Paris, le décembre 191 .

Le Ministre de la guerre.

(1) Modèle donné par la circulaire du 17 décembre 1910 (*B. O.*, p. 2172).

MODÈLE N° 3.

RÉPUBLIQUE FRANÇAISE.

(Faisceau de drapeaux.)

MINISTÈRE DE LA GUERRE.

ARRÊTÉ.

Le Ministre de la guerre,

Vu l'article 1er de la loi du 3 juillet 1877, relative aux réquisitions militaires;

Vu l'article 2 du décret du 2 août 1877, portant règlement d'administration publique pour l'exécution de la loi précitée,

Arrête :

L'exercice du droit de réquisition ouvert par arrêté du..... pour le logement, le cantonnement et la subsistance des troupes rassemblées dans le (1)..... cessera d'être exercé à dater du......

Paris, le 19 .

Le Ministre de la guerre,

(1) Département d..... *ou* l'arrondissement d..... *ou* les arrondissements d..... (dans un même département) *ou* le canton d..... *ou* les cantons d..... (dans un même département).

II. — Dispositions relatives à la réquisition du logement et du cantonnement.

Circulaire au sujet des avis à donner aux municipalités, en ce qui touche les réquisitions.

(Cabinet du Ministre ; Bureau de la Correspondance générale.)

Paris, le 10 juin 1882.

Mon attention a été appelée sur les difficultés qui se sont produites dans une ville, à l'occasion du logement, par voie de réquisition, d'une troupe en cours de manœuvres.

Il résulte des renseignements qui m'ont été fournis que les dispositions nécessaires pour assurer le logement de cette troupe n'ont pu être prises à temps par le maire de la ville, en raison de l'envoi tardif, par l'officier commandant la troupe à loger, de la réquisition réglementaire.

En vue de prévenir, autant que possible, toute difficulté de cette nature, j'ai l'honneur de vous prier de prescrire toujours aux autorités militaires sous vos ordres, qui auront à effectuer des déplacements pouvant donner lieu à réquisition, d'avoir soin d'adresser plusieurs jours à l'avance, deux au moins, aux maires des communes où des troupes auront à séjourner, les réquisitions qu'elles auront à exercer, en conformité de la loi du 3 juillet 1877 et du décret du 2 août 1877, et de leur faire connaître, en même temps, très exactement, le nombre des militaires de tous grades et de chevaux à loger, ainsi que les conditions dans lesquelles il est à désirer, pour le bien du service, que des logements soient fournis.

Il conviendra aussi que l'officier auquel incombe le soin de donner l'avis dont il s'agit s'enquière avec soin des communications postales, afin de s'assurer que son avis parviendra à temps aux municipalités destinataires.

Circulaire relative aux moyens d'assurer, en temps de paix, l'exécution des réquisitions militaires.

(Cabinet du Ministre; Bureau de la Correspondance générale. N° 123.)

Paris, le 29 août 1910.

A l'occasion des prochaines manœuvres, le Ministre croit devoir rappeler aux autorités civiles et militaires les moyens que la loi met à la disposition d'une autorité requérante pour assurer, en temps de paix, l'exécution des réquisitions militaires.

Ces moyens sont résumés ci-après.

La loi fait des réquisitions militaires une charge communale.

L'ordre de réquisition est toujours adressé au maire, qui a qualité pour en répartir les prestations entre ses administrés. Il en a aussi le devoir et l'obligation légale (art. 20 de la loi du 3 juillet 1877 relative aux réquisitions militaires, *B. O.*, É. M., vol. n° 70, p. 9).

En cas de refus du maire, le préfet peut être appelé à le suppléer, par application des dispositions de l'article 85 de la loi du 5 avril 1884 sur l'organisation municipale ainsi conçu :

« Dans le cas où le maire refuserait ou négligerait de faire un des actes qui lui sont prescrits par la loi, le préfet peut, après l'en avoir requis, y procéder d'office par lui-même ou par un délégué spécial. »

En cas de refus du maire de donner suite à un ordre de réquisition, l'autorité requérante peut donc s'adresser au préfet qui a qualité pour suppléer le magistrat municipal.

Mais cette manière de procéder peut, dans certaines circonstances, être inefficace. Il peut arriver, par exemple, que la commune dont le maire ne donne pas suite à une réquisition urgente soit très éloignée de la préfecture.

Dans ce cas, et par application des dispositions du dernier alinéa de l'article 20 de la loi précitée du 3 juillet 1877, « l'autorité militaire fait d'office la répartition entre les habitants ». Si les habitants refusent d'accepter cette répartition, l'autorité militaire peut, mais dans ce cas seulement, faire appel à la force (1).

En résumé, le législateur a donné au commandement des moyens suffisants pour assurer, en toutes circonstances, l'exécution des réquisitions militaires, quelle qu'en soit la nature, mais il n'échappera pas que ces moyens ne peuvent être mis en œuvre qu'à la condition expresse que la réquisition elle-même aura été valablement ordonnée, en la forme et au fond, par l'autorité qualifiée à cet effet.

---

(1) L'article 21 de la loi prévoit la réquisition forcée en cas de refus des *habitants* seulement (et non du maire). L'article 37 la prévoit également en cas de dissimulation de denrées.

Circulaire au sujet des affiches ouvrant le droit de réquisition.

(Etat-Major de l'armée ; Bureau de l'Organisation et de la Mobilisation de l'Armée).

Paris, le 11 mai 1910.

Des affiches de réquisition, adressées à un corps d'armée en vue des rassemblements de troupes pour les manœuvres, ont été utilisées par un corps au cours des marches qu'il exécutait pour se rendre à un camp d'instruction et en traversant le territoire d'un corps d'armée autre que celui auquel il appartient.

Il convient de ne pas perdre de vue que le décret du 20 décembre 1899 et l'instruction du 30 décembre 1899 relative aux mouvements de troupes à l'intérieur, donnent la faculté de loger ou de cantonner les troupes *en marche* dans toutes les communes, sans arrêté de réquisition préalable.

D'ailleurs, lorsqu'en vue de rassemblements de troupes il est nécessaire d'apposer des affiches de réquisition, cette charge revient au général commandant la région de corps d'armée, même quand les troupes à cantonner font partie d'autres corps d'armée.

Rapport au Président de la République suivi d'un décret modifiant le décret du 2 août 1877 portant règlement d'administration publique pour l'exécution de la loi sur les réquisitions militaires.

(Etat-Major de l'Armée; Bureau de l'Organisation et de la Mobilisation de l'Armée. — N° 36.)

Paris, le 28 juin 1910.

RAPPORT AU PRÉSIDENT DE LA RÉPUBLIQUE FRANÇAISE.

Monsieur le Président,

Aux termes des règlements en vigueur, les nationaux de certaines puissances résidant en France sont exempts de toute réquisition militaire.

Or, une commission interministérielle chargée par M. le

---

(1) Composition de la commission :

PRESIDENT :

MM. André WEISS, professeur à la faculté de droit, jurisconsulte adjoint du Ministère des affaires étrangères.

Ministre des affaires étrangères d'examiner la situation des étrangers habitant le territoire national, au regard de notre législation sur les réquisitions, a émis l'avis que les traités internationaux ne s'opposent nullement à la suppression, dans les décrets et règlements relatifs aux réquisitions militaires prévues par la loi du 3 juillet 1877, des exemptions prévues jusqu'ici en faveur des nationaux de différents pays.

Elle a pensé, toutefois, qu'il était désirable de conférer l'exemption des réquisitions militaires visées par la loi de 1877, aux agents diplomatiques dans tous les cas, et, sous condition de réciprocité, aux agents consulaires, ceux-ci demeurant soumis au droit commun en qualité de possesseurs ou locataires de biens fonds qu'ils posséderaient ou affermeraient à titre particulier, ou bien s'ils exercent un commerce.

Ces conclusions répondent, d'une part, aux intérêts de la défense du pays et, d'autre part, aux usages de courtoisie internationale ; elles ont reçu l'adhésion des Ministres des affaires étrangères et de l'intérieur.

Le décret ci-joint, que j'ai l'honneur de soumettre à votre signature, a pour objet de les rendre réglementaires.

Veuillez agréer, Monsieur le Président, l'hommage de mon respectueux dévouement.

Le Ministre de la guerre,
BRUN.

DÉCRET.

Le Président de la République française,
Sur le rapport du Ministre de la guerre,

MEMBRES :

Pour le ministère de la justice :

DUBOIS, secrétaire de l'office de législation étrangère.
BOUCHARDON, chef de bureau.
CLUZEL, rédacteur principal.

Pour le ministère des affaires étrangères :

DOBLER, secrétaire d'ambassade de 1re classe.
GAUSSEN, consul de 1re classe.
JORDAN, consul de 1re classe.
ALPHAND, vice-consul.

Pour le ministère de l'intérieur :

HENNEQUIN, sous-directeur.
GRUMBACH, sous-directeur.
BEZE, chef de service des affaires algériennes.
DOUS, chef de bureau.

Pour le ministère de la guerre :

TAUPIN, chef de bureau.
Le commandant GIRAUD, de l'état-major de l'armée.

Vu la loi du 3 juillet 1877 sur les réquisitions militaires, modifiée par les lois du 5 mars 1890 et du 27 mars 1906;

Vu le décret du 2 août 1877, portant règlement d'administration publique pour l'exécution de la loi sur les réquisitions militaires, modifié par les décrets des 23 novembre 1886, 3 juin 1890 et 13 novembre 1907;

Vu l'avis du Ministre des affaires étrangères;

Le Conseil d'État entendu,

Décrète :

Art. 1er. Les articles 74, 75 et 78 du décret du 2 août 1877 sont remplacés ainsi qu'il suit :

« *Art.* 74. Tous les ans, au commencement de décembre, le maire fait publier un avertissement adressé à tous les propriétaires de chevaux ou mulets qui se trouvent dans la commune, *quelle que soit la nationalité de ces propriétaires*, pour les informer qu'ils doivent se présenter à la mairie, avant le 1er janvier, et faire la déclaration de tous les chevaux, juments, mulets ou mules qui sont en leur possession, en indiquant l'âge de ces animaux. »

« *Art.* 75. Du 1er au 16 janvier de chaque année, le maire dresse la liste de recensement des chevaux, juments, mulets et mules, prescrite par l'article 37 de la loi sur les réquisitions militaires.

« La liste mentionne tous les animaux déclarés, avec leur signalement, le nom et le domicile de leur propriétaire, sauf les exceptions ci-après :

« 1° Les chevaux et juments qui n'ont pas atteint l'âge de 4 ans au 1er janvier;

« 2° Les mulets et les mules qui n'ont pas atteint l'âge de 2 ans au 1er janvier;

« 3° Les chevaux, juments, mules ou mulets qui sont reconnus être déjà inscrits dans une autre commune;

« 4° Les animaux qui sont reconnus avoir déjà été réformés par une commission de classement en raison de tares, de mauvaise conformation ou d'autres motifs qui les rendent impropres au service de l'armée;

« 5° Les chevaux, juments, mulets et mules qui sont reconnus avoir été refusés conditionnellement par une commission de classement, pour défaut de taille, à moins que les conditions de taille n'aient été modifiées depuis ce refus;

« 6° Les animaux appartenant aux agents non Français du service diplomatique étranger accrédités en France;

« 7° Les animaux que possèdent dans le lieu de leur résidence officielle les agents du service consulaire étranger, nationaux des pays qui les nomment, à condition que ces pays usent de réciprocité envers la France.

« Les agents du service consulaire étranger ci-dessus mentionnés restent soumis au droit commun pour les animaux affectés soit à l'exploitation des biens qu'ils détiennent à titre de propriétaire, d'usufruitier ou de locataire, soit à l'exercice d'une profession commerciale ou industrielle. »

« *Art.* 78. Tous les trois ans, dans les conditions et aux époques indiquées pour le recensement des chevaux et mulets, le maire fait la liste de recensement des voitures attelées ou destinées à être attelées de chevaux ou mulets, autres que celles qui sont exclusivement affectées au transport des personnes.

« Le recensement ne comprend pas les voitures des agents diplomatiques visés à l'alinéa 6° de l'article 75, mais il comprend celles qui appartiennent aux agents du service consulaire étranger, dans les conditions spécifiées pour le recensement des animaux à l'alinéa 7° dudit article.

« Le Ministre de la guerre avertit les préfets deux mois avant le 1er janvier de l'année où doit se faire ce recensement.

« Le préfet avertit le maire au moins six semaines avant le commencement de cette même année. »

Art. 2. Les Ministres de la guerre et des affaires étrangères sont chargés, chacun en ce qui le concerne, de l'exécution du présent décret, qui sera publié au *Journal officiel* et inséré au *Bulletin des lois*.

Fait à Paris, le 28 juin 1910.

A. FALLIÈRES.

Par le Président de la République :

Le Ministre de la guerre,	*Le Ministre des affaires étrangères,*
BRUN.	S. PICHON.

Circulaire relative à l'interprétation à donner au décret du 28 juin 1910, en ce qui concerne l'âge des animaux pour les opérations de recensement des chevaux, juments, mulets et mules susceptibles d'être requis en cas de mobilisation.

(Direction de la Cavalerie ; Bureau des Remontes.)

Paris, le 15 décembre 1910.

Le décret du 28 juin 1910, relatif aux réquisitions militaires, spécifie que la liste de recensement doit mentionner tous les animaux déclarés, à l'exception des chevaux et des juments qui n'ont pas atteint l'âge de 4 ans au 1er janvier, et des mulets et des mules qui n'ont pas atteint l'âge de 2 ans à la même date.

La question a été posée de savoir si ces dispositions ne sont pas en contradiction avec celles de l'article 37 de la loi du 3 juillet 1877, modifiée par la loi du 27 mars 1906, qui fixent respectivement à 5 ans et à 3 ans les âges d'inscription sur la liste de recensement des deux catégories d'animaux précitées.

Le texte du décret du 28 juin 1910 prête, en effet, à ambiguïté parce qu'il envisage l'âge réellement atteint par les chevaux ou mulets le 1er janvier, sans tenir compte de la convention légale (loi du 3 juillet 1877, art. 37) d'après laquelle l'âge des chevaux se compte à partir du 1er janvier de l'année de la naissance.

Il y a lieu, par suite, de lui donner l'interprétation suivante :

« La liste de recensement doit mentionner tous les animaux déclarés, à l'exception :

« 1° Des chevaux et juments qui n'ont pas atteint effectivement l'âge de 4 ans avant le 1er janvier, c'est-à-dire ceux qui n'auront pas pu prendre légalement 5 ans le 1er janvier ;

« 2° Les mulets et mules qui n'ont pas atteint effectivement l'âge de 2 ans avant le 1er janvier, c'est-à-dire ceux qui n'auront pas pu prendre légalement 3 ans le 1er janvier ;

« 3° Etc. » Le reste sans changement.

La présente circulaire tiendra lieu de notification aux autorités civiles et militaires qu'elle concerne.

Circulaire relative à l'application aux agents diplomatiques et consulaires des dispositions de la loi du 3 juillet 1877 sur les réquisitions militaires.

(Etat-Major de l'Armée; Bureau de l'Organisation et de la Mobilisation de l'Armée. — N° 13.)

Paris, le 25 mars 1911.

Aux termes du rapport de présentation au Président de la République du décret du 28 juin 1910 relatif aux réquisitions militaires, l'exemption de celles de ces réquisitions qui sont visées par la loi de 1877 (et les lois subséquentes qui l'ont modifiée) doit être conférée :

1° Aux agents diplomatiques dans tous les cas ;

2° Aux agents consulaires, s'ils sont nationaux du pays qui les nomme et sous condition de réciprocité. Ces derniers agents demeurent toutefois soumis au droit commun en qualité de possesseurs ou locataires de biens-fonds qu'ils posséderaient ou afferméraient à titre particulier ou bien s'ils exercent un commerce.

Le décret susvisé du 28 juin 1910 a déjà réglé l'application de ce principe aux moyens de transport.

L'extension devra, conformément aux indications contenues dans le rapport de présentation dudit décret, en être faite à toutes les prestations visées à l'article 2 de la loi du 3 juillet 1877 et, en particulier, au logement chez l'habitant et au cantonnement.

Instruction concernant les modifications apportées, par le décret du 23 novembre 1886, au décret du 2 août 1877 sur les réquisitions militaires (titre III, Logement et cantonnement) (1).

Paris, le 23 novembre 1886.

Le titre III (Du logement et du cantonnement) du décret du 2 août 1877, portant règlement d'administration publique pour l'exécution de la loi du 3 juillet de la même année, relative aux réquisitions militaires, présentait quelques points obscurs qui entraînaient des interprétations différentes.

La disposition ajoutée à l'article 23 et les modifications apportées aux articles 30, 31, 32 et 33 de ce décret, par le décret du 23 novembre 1886, fixent d'une manière certaine les droits de l'Etat et ceux des communes et des habitants en matière de logement et de cantonnement.

Art. 23. L'addition apportée à cet article a pour objet de préciser le sens du paragraphe 3 de l'article 12 de la loi du 3 juillet 1877, en ce qui concerne les ressources que présente un logement excédant la proportion affectée au grade ou à l'emploi d'un officier ou d'un fonctionnaire militaire, et de déterminer la mesure dans laquelle les catégories de personnes dispensées de fournir le logement dans leur domicile doivent fournir le cantonnement.

Cette addition a pour effet de régler définitivement la question qui a motivé la note ministérielle du 23 juin 1881, insérée au *Journal militaire officiel*; cette note se trouve, par suite, abrogée.

Art. 30. Aux termes de l'ancien article 30, l'officier commandant une troupe, logée ou cantonnée dans une commune, devait remettre au maire, avant de quitter la commune, un état indiquant l'effectif en officiers, sous-officiers, soldats, chevaux, etc., ainsi que la date d'arrivée et celle du départ. Le modèle de

(1) La rédaction des articles du décret du 2 août 1877, visés dans la présente instruction, a subi les modifications qui y ont été apportées par le décret du 23 novembre 1886.

cet état d'effectif, tant pour le logement que pour le cantonnement, a été donné par la circulaire du Ministre de la guerre du 25 avril 1878 (5e Direction, 3e Bureau, n° 1746), non insérée au *Journal militaire.*

Cet état s'appliquait au trimestre, et, pour le logement, faisait une distinction entre les officiers logés seuls ou à deux. Désormais, l'état d'effectif s'appliquera au mois, ne comportera plus qu'une seule colonne pour les officiers, et sera conforme aux modèles n° 1 pour le logement, et n° 1 *bis* pour le cantonnement annexés à la présente instruction. Par suite, la circulaire précitée du 25 avril 1878 est abrogée.

En outre, pour bien faire ressortir les droits des habitants à l'indemnité, la nouvelle rédaction de l'article 30 oblige l'officier commandant la troupe à établir autant d'états d'effectif qu'il y a eu de périodes de séjour pendant le mois.

Ainsi, par exemple, si une même troupe a été logée ou cantonnée dans la commune du 3 au 5 juillet, et du 28 juillet au 3 août, il sera établi un état d'effectif :

1° Pour la période du 3 au 5 juillet ;

2° Pour celle du 28 au 31 juillet ;

3° Pour celle du 1er au 3 août.

Sauf dans les cas spécifiés au deuxième alinéa de l'article 30, le maire doit toujours se faire remettre les états d'effectif, attendu qu'à défaut de ces documents, le droit des habitants à l'indemnité ne pourrait être établi.

Art. 31. La nouvelle rédaction de cet article pose ce principe, qui est la conséquence des articles 13 et 15 de la loi du 3 juillet 1877, que l'indemnité de logement ou de cantonnement n'est due que si le nombre de lits ou de places occupés dans le courant d'un même mois excède le triple des lits ou places que la commune est obligée de fournir d'après les tableaux dont il est fait mention à l'article 25 du décret. Il faut donc entendre par mois, non une période de trente jours, mais l'occupation pendant un même mois du calendrier.

Des doutes s'étaient élevés sur la question de savoir si l'indemnité allouée aux habitants qui avaient fourni le logement ou le cantonnement au delà de trois nuits était due à partir du premier jour ou seulement pour l'excédent des trois nuits. C'est cette dernière interprétation qui a prévalu, l'article 15 de la loi du 3 juillet 1877 imposant, dans tous les cas, le logement ou le cantonnement gratuit, pendant trois nuits dans le courant d'un même mois.

Art. 32. La nouvelle rédaction indique les justifications à produire par les maires qui réclament une indemnité pour le logement ou le cantonnement.

La preuve à fournir consiste dans un état récapitulatif des nuits passées dans la commune, d'après les états d'effectif laissés par les commandants de la troupe, et, par suite, des lits ou places qui ont été occupés. Cet état devra être conforme aux modèles, n° 2 pour le logement et 2 *bis* pour le cantonnement, annexés à la présente instruction.

Le nombre de nuits accusé par les états d'effectif est rapproché du nombre dû par la commune à titre gratuit, d'après le nouvel article 31 du décret.

L'excédent qui ressort de cette comparaison ouvre droit à une indemnité calculée d'après le tarif fixé à l'article 33.

Si, par suite d'une répartition irrégulière des charges du logement ou du cantonnement, la somme ainsi déterminée n'est pas suffisante pour indemniser tous les habitants qui ont fourni la prestation pendant plus de trois nuits, le maire indique, sur le même état, les motifs qui l'ont empêché de se conformer aux prescriptions du deuxième paragraphe de l'article 26 du décret et ont donné lieu à une augmentation de dépense. Il consigne également sur l'état récapitulatif les circonstances qui ont pu augmenter ou réduire les ressources de la commune en logement ou en cantonnement depuis l'établissement des tableaux visés à l'article 25 du décret. Il fait, en outre, ressortir le nombre de lits ou de places à compter en diminution ou en augmentation du fait de ses observations.

Dans le décompte des nuits de logement, il n'est compté qu'une seule nuit pour deux brigadiers ou caporaux ou pour deux soldats, l'habitant ne devant qu'un seul lit pour deux brigadiers ou caporaux ou pour deux soldats (art. 23 du décret).

L'état récapitulatif, appuyé des deux expéditions des états d'effectif, est adressé, en double expédition, *dans le mois qui suit celui auquel il se rapporte,* au sous-intendant militaire de la subdivision de région. Avant de procéder à l'ordonnancement de la somme réclamée, le sous-intendant vérifie les indications de l'état et, s'il y a lieu, demande, dans ce but, communication d'un extrait concernant la commune intéressée, des tableaux récapitulatifs des ressources de la région, comme l'y autorise l'article 25 du décret.

Une commune ne peut fournir, pour le même mois, qu'un seul état récapitulatif des modèles nos 2 et 2 *bis*.

Art. 33. Le nouvel article 33, pour faciliter le décompte de l'indemnité due aux habitants et établir la concordance avec les articles 30, 31 et 32 précités, a remanié le taux de l'indemnité à allouer pour le logement.

Il n'est plus fait de distinction pour les officiers dont le logement, quel que soit le grade, est fixé par lit et par nuit à 1 franc; de même, le lit pour homme de troupe, sans distinction de grade, est fixé à 0 fr. 20.

Les maires réclameront au sous-intendant militaire de la subdivision de région les formules d'états récapitulatifs nos 2 et 2 *bis* qui leur seront nécessaires et qui seront fournies par l'administration de la guerre ; l'emploi de ces formules supprimera, pour le logement et le cantonnement, l'usage des états A *bis* et B annexés au décret du 2 août 1877. Quant aux états d'effectif modèles nos 1 et 1 *bis*, ils seront établis, à la main, par les soins des corps ou détachements.

Une expédition de l'état récapitulatif modèle n° 2 ou modèle n° 2 *bis* suivant le cas, accompagnée d'une expédition des états d'effectif produits à l'appui, sera jointe au bordereau de mandats afférent au mois pendant lequel l'indemnité aura été mandatée.

Le Ministre de l'intérieur,
Signé : SARRIEN.

Le Ministre de la guerre,
Signé : Gal BOULANGER.

CORPS D'ARMÉE. — DÉPARTEMENT — ARRONDISSEMENT d — COMMUNE d

Loi du 3 juillet 1877. — Art. 30 du décret du 2 août 1877, modifié par le décret du 23 novembre 1886. — Instruction du 23 novembre 1886.

MODÈLE N° 1.

MOIS d 19 .

(1)

ETAT numérique des officiers, sous-officiers, brigadiers ou caporaux et soldats, chevaux et mulets, qui ont été logés dans la commune d du au inclus (2).

	EFFECTIF.				NOMBRE DE NUITS.			
	Officiers.	Sous-officiers.	Brigadiers ou caporaux et soldats.	Chevaux et mulets.	Officiers.	Sous-officiers.	Brigadiers ou caporaux et soldats.	Chevaux et mulets.
	1	2	3	4	5	6	7	8
Effectif des hommes et des animaux présents au premier jour du (3) et nombre de nuits qui en résulte....								
A AUGMENTER d'après les mutations inscrites au dos du présent état								
A AUGMENTER d'après le nombre de brigadiers ou caporaux et soldats ayant éventuellement occupé seuls un lit (4)								
A DIMINUER d'après les mutations inscrites au dos du présent état..........								
EFFECTIF au dernier jour du (3) et totaux des nuits..........................								

CERTIFIÉ le présent état montant aux quantités de (5) :
nuits d'officiers,
nuits de sous-officiers,
nuits de brigadiers ou caporaux et soldats,
nuits de chevaux et mulets.

Vu : A , le 19 .

Le (7) *Le* (6)

(1) Indication du corps de troupe et de la portion du corps (compagnie, escadron, batterie).
(2) Si la période de séjour comprend des nuits afférentes à deux ou plusieurs mois, il est établi des états distincts par mois.
(3) Du mois ou du séjour.
(4) Des lits peuvent être occupés par des brigadiers, caporaux ou soldats seuls et non par deux, soit à cause de la répartition du logement par unités constituées ayant un effectif impair d'hommes, soit par suite de mutations. — On compte un lit en plus pour chaque place ainsi inoccupée.
(5) Indiquer les quantités en toutes lettres.
(6) Chef de corps ou de détachement.
(7) Sous-intendant militaire ou son suppléant, ou le maire.

ETAT NOMINATIF (1) *des hommes et des animaux qui ont fait mutation du* *au* *inclus.*

NUMÉROS des		Numéros matricules.	NOMS ET PRÉNOMS.	GRADES.	MOTIFS ET DATE DES MUTATIONS.	AUGMENTATIONS.								DIMINUTIONS.							
						Officiers.		Sous-officiers.		Brigadiers ou caporaux et soldats.		Chevaux et mulets.		Officiers.		Sous-officiers.		Brigadiers ou caporaux et soldats.		Chevaux et mulets.	
bataillons.	compagnies, escadrons ou batteries.					Effectif.	Nombre de nuits.	Effectif.	Nombre de nuits.	Effectif.	Nombre de nuits.	Effectif.	Nombre de nuits.	Effectif.	Nombre de nuits.	Effectif.	Nombre de nuits.	Effectif.	Nombre de nuits.	Effectif.	Nombre de nuits.
1	2	3	4	5	6	7	8	9	10	11	12	13	14	15	16	17	18	19	20	21	22
				TOTAUX.	Effectif.........																
					Nombre de nuits..																

(1) Les mutations provenant de départ ou d'arrivée de détachements ne seront inscrites que numériquement.
(2) Chef de corps ou de détachement.

CERTIFIÉ par le (2)

A , le 19

e CORPS D'ARMÉE. — Loi du 3 juillet 1877.

DÉPARTEMENT
d
—
ARRONDISSEMENT
d
—
COMMUNE
d

MOIS d 19 .

(1)

Art. 30 du décret du 2 août 1877, modifié par le décret du 23 novembre 1886.

Instruction du 23 novembre 1886.

MODÈLE N° 1 *bis*.

ÉTAT NUMÉRIQUE des hommes et des animaux qui ont été cantonnés dans la commune d du au inclus (2).

	EFFECTIF.		NOMBRE DE NUITS.	
	OFFICIERS et troupe. 1	CHEVAUX et mulets. 2	OFFICIERS et troupe. 3	CHEVAUX et mulets. 4
Effectif des hommes et des animaux présents au premier jour du (3) et nombre de nuits qui en résulte...				
A AUGMENTER, d'après les mutations inscrites au dos du présent état...				
A DIMINUER, d'après les mutations inscrites au dos du présent état.......				
EFFECTIF au dernier jour du (3) et totaux des nuits................				

CERTIFIÉ le présent état montant aux quantités de (4) :
nuits d'officiers et troupe,
nuits de chevaux et mulets.

A , le 19 .

Le (5)

VU :

Le (6)

(1) Indication du corps de troupe et de la portion du corps (compagnie, escadron ou batterie).
(2) Si la période du séjour comprend des nuits afférentes à deux ou plusieurs mois, il est établi des états distincts par mois.
(3) Du mois ou du séjour.
(4) Indiquer les quantités en toutes lettres.
(5) Chef de corps ou de détachement.
(6) Sous-intendant militaire, ou son suppléant ou le maire.

ETAT NOMINATIF (1) *des hommes et des animaux qui ont fait mutation du* *du* *inclus.*

NUMÉROS des		NUMÉROS MATRICULES.	NOMS et PRÉNOMS.	GRADES.	MOTIFS ET DATES DES MUTATIONS.	AUGMENTATIONS.				DIMINUTIONS.			
						OFFICIERS et troupe.		CHEVAUX et mulets.		OFFICIERS et troupe.		CHEVAUX et mulets.	
bataillons.	compagnies, escadrons ou batteries.					Effectif.	Nombre de nuits.	Effectif.	Nombre de nuits.	Effectif.	Nombre de nuits.	Effectif.	Nombre de nuits.
1	2	3	4	5	6	7	8	9	10	11	12	13	14
			TOTAUX.....	Effectif									
				Nombre de nuits									

CERTIFIÉ par le (2)

A , le 19

(1) Les mutations provenant de départ ou d'arrivée de détachements ne seront inscrites que numériquement.

(2) Chef de corps ou de détachement.

• CORPS D'ARMÉE

DÉPARTEMENT

d

ARRONDISSEMENT

d

COMMUNE

d

RÉQUISITIONS MILITAIRES

LOGEMENT

Loi du 3 juillet 1877.

Art. 32 du décret du 2 août 1877 modifié par le décret du 23 novembre 1886.

Instruction du 23 novembre 1886.

MODÈLE Nº 2.

ÉTAT des sommes dues aux habitants de la commune d à titre d'indemnités pour logement fourni à la troupe pendant le mois d 19 .

Déposé cejourd'hui et inscrit immédiatement sous le nº au registre spécial d'entrée des pièces de comptabilité.

A , le 19 .

Le Sous-Intendant militaire,

RESSOURCES EN LOGEMENT

de la commune d pendant le mois d 19 .

	LITS		PLACES de CHEVAUX et MULETS.
	D'OFFICIERS.	DE TROUPE.	
Ressources d'après l'extrait, concernant la commune, des tableaux récapitulatifs des ressources de la région, envoyé au maire par le commandant du corps d'armée, en exécution de l'article 25 du décret du 2 août 1877........................			
A augmenter pour les motifs ci-contre (1).			
A diminuer pour les motifs ci-contre (2).			
Ressources pendant le mois d 19 .			

Le Maire,

---

(1) Le maire consigne entre les deux accolades les circonstances qui ont pu accroître les ressources depuis l'établissement des tableaux récapitulatifs et inscrit dans les colonnes qui font suite le nombre de lits ou de places d'animaux procuré par cet accroissement.

(2) Le maire consigne entre les deux accolades les circonstances qui ont pu réduire les ressources depuis l'établissement des tableaux récapitulatifs, ou qui l'ont empêché de suivre l'ordre de l'état indicatif des ressources de chaque maison ainsi qu'il est prescrit par l'article 26 du décret du 2 août 1877. Il inscrit dans les colonnes qui font suite le nombre de lits ou de places à diminuer en raison de ces circonstances.

ÉTAT NUMÉRIQUE RÉCAPITULATIF

des officiers, sous-officiers, brigadiers ou caporaux et soldats, chevaux et mulets, qui ont été logés dans la commune d pendant le mois d 19 , faisant ressortir l'indemnité due à la commune.

DÉSIGNATION des CORPS, détachements et isolés.	PÉRIODES DE SÉJOUR.	NOMBRE DE NUITS (1). Officiers.	Sous-officiers.	Brigadiers ou caporaux et soldats. Pour les brigadiers ou caporaux et soldats, le nombre de nuits porté sur les états d'effectif doit être réduit de moitié, le décret du 2 août 1877 n'exigeant qu'un seul lit pour deux brigadiers ou caporaux ou pour deux soldats.	Chevaux et mulets
1	2	3	4	5	6
Totaux des nuits devant servir de base au règlement de l'indemnité			(2)		
Nombre de nuits dues par la commune à titre gratuit. (Ce nombre est celui inscrit à la page ci-contre comme représentant les ressources de la commune pendant le mois — la nuit correspondant à un lit ou à une place — *mais il doit être multiplié par trois.*)					
Différences ouvrant droit à indemnité					

Le présent état, appuyé de états d'effectif (modèle n° 1), est certifié par nous, maire de la commune d , aux quantités ci-après de nuits donnant droit à indemnité, savoir :

		fr. c.	fr. c.	fr. c.
(3)	nuits d'officiers à	1 00		
	nuits de sous-officiers, brigadiers ou caporaux et soldats à	0 20		
	nuits de chevaux et mulets, à	0 05		

A , le 19 .

Le Maire,

Vu, vérifié et arrêté le présent état s'élevant à la somme de (4) laquelle a été ordonnancée en un mandat n° , en date du 19 . au nom du receveur municipal de la commune d

A , le 19 .

Le Sous-Intendant militaire,

(1) D'après les états d'effectif (modèle n° 1) remis au maire par les commandants des troupes.
(2) Les nuits de sous-officiers sont réunies à celles de brigadiers ou caporaux et soldats (réduites de moitié en nombre) parce qu'elles donnent lieu au payement de la même indemnité (0 fr. 20).
(3) Indiquer les quantités en toutes lettres.
(4) Inscrire la somme en toutes lettres.

CORPS D'ARMÉE

DÉPARTEMENT
d

ARRONDISSEMENT
d

COMMUNE
d

RÉQUISITIONS MILITAIRES.

Loi du 3 juillet 1877.

Art. 32 du décret du 2 août 1877 modifié par le décret du 23 novembre 1886.

Instruction du 23 novembre 1886.

MODÈLE No 2 *bis*.

CANTONNEMENT.

ÉTAT des sommes dues aux habitants de la commune d à titre d'indemnité pour cantonnement fourni à la troupe pendant le mois d 19 .

NOTA. — Cet état ne fait mention ni des chevaux ni des mulets, le cantonnement des animaux ne donnant droit à aucune indemnité en argent.

Déposé cejourd'hui et inscrit immédiatement sous le n° , au registre spécial d'entrée des pièces de comptabilité.

A , le 19 .

Le Sous-Intendant militaire,

RESSOURCES EN CANTONNEMENT

de la commune de *pendant le mois d* 19 .

		PLACES D'OFFICIERS ET DE TROUPE.
Ressources d'après l'extrait, concernant la commune, des tableaux récapitulatifs des ressources de la région, envoyé au maire par le commandant du corps d'armée, en exécution de l'article 25 du décret du 2 août 1877..		
A augmenter pour les motifs ci-contre (1).		
A diminuer pour les motifs ci-contre (2).		
Ressources pendant le mois d 19		

Le Maire,

(1) Le maire consigne, entre les deux accolades, les circonstances qui ont pu accroître les ressources depuis l'établissement des tableaux récapitulatifs, et inscrit dans la colonne qui fait suite le nombre de places procuré par cet accroissement.

(2) Le maire consigne, entre les deux accolades, les circonstances qui ont pu réduire les ressources depuis l'établissement des tableaux récapitulatifs, ou qui l'ont empêché de suivre l'ordre de l'état indicatif des ressources de chaque maison, ainsi qu'il est prescrit par l'article 26 du décret du 2 août 1877. Il inscrit dans la colonne qui fait suite le nombre de places à diminuer en raison de ces circonstances.

ÉTAT NUMÉRIQUE RÉCAPITULATIF

des officiers et de la troupe qui ont été cantonnés, dans la commune d , pendant le mois d 19 , faisant ressortir l'indemnité due à la commune.

DÉSIGNATION des CORPS ET DÉTACHEMENTS.	PÉRIODES DE SÉJOUR.	NOMBRE de nuits (1). — OFFICIERS ET TROUPE.
Total des nuits devant servir de base au règlement de l'indemnité........................		
Nombre de nuits dues par la commune à titre gratuit. (Ce nombre est celui inscrit à la page ci-contre comme représentant les ressources de la commune pendant le mois, — la nuit correspondant à une place — *mais il doit être multiplié par trois*)........		
Différence suivant le droit à indemnité............		

Le présent état, appuyé de états d'effectif (modèle n° 1 *bis*), est certifié par nous, maire de la commune d , à la quantité de (2) nuits d'officiers et de troupe donnant droit à l'indemnité de 0 fr. 05, et, par suite, à la somme de (3)

A , le 19 .

Le Maire,

VU, VÉRIFIÉ et ARRÊTÉ le présent état s'élevant à la somme de (3) , laquelle a été ordonnancée en un mandat n° , en date du 19 , au nom du receveur municipal de la commune

A , le 19 .

Le Sous-Intendant militaire,

(1) D'après les états d'effectif (modèle n° 1 *bis*) remis au maire par les commandants des troupes.
(2) Indiquer la quantité en toutes lettres.
(3) Inscrire la somme en toutes lettres.

Circulaire relative à l'application de l'article 12 de la loi du 3 juillet 1877 et de l'article 23 du décret du 2 août de la même année aux établissements occupés par des veuves ou des filles vivant seules.

(Etat-Major général ; 1er Bureau.)

Paris, le 31 mai 1887.

Le Ministre a été consulté sur la question de savoir si les dispositions de l'article 12 de la loi du 3 juillet 1877 et de l'article 23 du décret du 2 août 1877, complété par le décret du 23 novembre 1886, qui dispensent du logement en nature et du cantonnement, dans certaines conditions, « les veuves et filles vivant seules et les communautés religieuses de femmes », sont applicables aux écoles normales d'institutrices.

Cette question, qu'il importe de généraliser, car elle peut être également posée pour d'autres établissements de même nature, tels que les lycées, collèges et pensionnats de jeunes filles, doit être résolue dans le sens de l'affirmative. En effet, les termes « veuves et filles vivant seules », qui figurent dans le texte des documents mentionnés ci-dessus, visent non seulement les veuves et filles vivant isolément, mais encore les réunions composées exclusivement de veuves ou de filles. S'il en était autrement, le bénéfice de la dispense devrait être refusé à toute veuve ayant une fille et vivant exclusivement avec elle, ce qui serait manifestement contraire à l'intention du législateur.

La mention complémentaire, concernant les communautés religieuses de femmes, ne peut avoir pour effet de restreindre la portée de l'expression qui la précède. Elle a simplement pour objet de ne permettre aucun doute sur l'application aux « religieuses » de la disposition édictée par la loi et les décrets.

En conséquence, tout établissement occupé par des veuves ou filles vivant seules doit être considéré comme non soumis à la charge du logement en nature et comme ne devant fournir le cantonnement que dans les bâtiments qui peuvent être complètement séparés des locaux occupés pour l'habitation.

Circulaire relative à la prise en charge du matériel des commissions de réquisition acheté sur les fonds des départements.

(Direction de la Cavalerie; Bureau des Remontes.)

Paris, le 7 avril 1892.

Certains bureaux de recrutement possèdent un matériel (perches, planchettes, pinceaux, pots à couleur, etc...) (1) destiné aux commissions de réquisition de chevaux, et dont l'achat a été effectué au moyen d'avances faites par les conseils généraux des départements en exécution des dispositions contenues dans ma dépêche du 26 novembre 1890 (Etat-Major de l'Armée ; 1er Bureau, nº 6185).

Le montant de ces avances doit d'ailleurs être remboursé en cas de mobilisation par l'administration de la guerre.

La question s'est posée de savoir si ce matériel doit être considéré comme appartenant à l'Etat et, dans ce cas, être compris sur les comptes de gestion fournis, en ce qui concerne le matériel des commissions de réquisition, par les bureaux de recrutement au titre du service de la remonte générale, ou comme matériel appartenant aux départements qui en ont fait l'acquisition et être ainsi l'objet d'un simple inventaire.

Le remboursement des avances faites pour l'achat de ce matériel n'étant pas effectué, l'administration de la guerre ne peut être considérée que comme dépositaire dudit matériel et il n'est pas possible de le faire figurer dans les comptes de gestion où il ne peut entrer que du matériel appartenant effectivement à l'Etat.

Il suffira donc d'en faire l'objet d'une simple situation ou inventaire qui sera conservé dans les bureaux de recrutement ou brigades de gendarmerie centres de réquisition où se trouve déposé le matériel appartenant aux départements.

(1) Ce matériel a été passé aux légions de gendarmerie.

Circulaire relative à l'utilisation des locaux scolaires pour le logement et le cantonnement des troupes.

(Etat-Major de l'Armée ; 1er Bureau.)

Paris, le 29 mars 1893.

Des divergences d'interprétation s'étant élevées sur les conditions dans lesquelles les locaux scolaires pourraient être occupés pour le logement ou le cantonnement des troupes, soit au moment des appels du temps de paix, soit en cas d'une mobilisation, un accord a dû intervenir entre les Départements de l'instruction publique, de l'intérieur et de la guerre pour régler définitivement la question et écarter à l'avenir toute contestation à ce sujet.

J'ai l'honneur de vous faire connaître ci-après les bases de cet accord.

Aux termes de la loi du 3 juillet 1877 (article 13) il appartient aux municipalités de veiller à ce que la charge du logement et du cantonnement soit répartie avec équité sur tous les habitants. Dans ces conditions, l'utilisation et l'emploi des locaux scolaires se feront de la façon suivante, soit pendant les appels du temps de paix, soit en cas de mobilisation, toutes les fois que les municipalités jugeront devoir y recourir :

1° Les écoles de filles continueront à bénéficier des dispositions du décret et du règlement d'administration publique du 23 novembre 1886, concernant les établissements occupés par des femmes ou des filles vivant seules (1) ;

2° Les établissements scolaires de garçons seront, quelle qu'en soit la nature, mis à la disposition des troupes chaque fois que les municipalités jugeront devoir y recourir pour le logement ou le cantonnement.

Il est, d'ailleurs, entendu que cette occupation ne pourra jamais s'étendre à la partie des locaux effectivement habitée par les élèves présents. En outre, les autorités municipales devront, avant de fixer la quantité d'hommes que peut recevoir un établissement pendant la période de scolarité, consulter son di-

(1) Voir la circulaire du 31 mai 1887, p. 118.

recteur, afin de n'y loger ou cantonner, sauf le cas de force majeure, que le nombre d'hommes compatible avec le fonctionnement du service scolaire.

D'autre part, il sera rappelé que la présence de literie et de mobilier, disponibles dans un établissement scolaire, n'implique en aucune façon leur mise à la disposition des troupes simplement cantonnées ;

3° Les dégâts causés par les militaires, dans les bâtiments scolaires, seront estimés dans les mêmes formes que ceux dont aurait à se plaindre un particulier, et les imputations qui en résulteront seront mises à la charge du Département de la guerre.

Ces dispositions, que MM. les Ministres de l'intérieur et de l'instruction publique ont été priés de porter à la connaissance du personnel sous leurs ordres, annulent et remplacent toutes les instructions qui auraient pu vous être adressées jusqu'à ce jour relativement à cet objet.

Circulaire relative à l'installation, dans les cantonnements, des réservistes et des territoriaux pendant les périodes de convocation.

(Direction de l'Infanterie ; Bureau de l'Instruction, etc.)

Paris, le 27 septembre 1901.

L'installation, pendant les convocations, des troupes de la réserve et de l'armée territoriale, dans les locaux offerts par les municipalités sera déterminée conformément aux dispositions suivantes :

Lorsque dans une place ou ville de garnison les bâtiments militaires seront insuffisants pour contenir les troupes de la réserve et de l'armée territoriale pendant les convocations, le commandant d'armes établira, après entente avec la municipalité, un tableau des locaux offerts par la ville pour le logement et le cantonnement des unités qui ne pourraient trouver place dans les bâtiments militaires.

Le commandant d'armes indiquera aux corps actifs intéressés les locaux mis ainsi à leur disposition pour les unités convoquées.

Chaque chef de corps fera étudier à l'avance, dans tous leurs détails, les conditions d'installation des troupes dans ces locaux par une commission d'officiers du corps désignés par lui et comprenant trois membres au moins, savoir :

Un officier supérieur (un capitaine dans les bataillons formant corps), *président ;*

Un médecin; l'officier de casernement, *membres.*

Le chef de corps adressera au commandant d'armes le rapport de cette commission, avec ses propositions au sujet des changements et améliorations à apporter aux locaux susvisés.

Le commandant d'armes, après avoir fait examiner par la commission de casernement les propositions de chaque chef de corps, poursuivra auprès de la municipalité la réalisation des améliorations qu'il jugera nécessaires.

En cas de non-entente, ou de non-exécution, en temps utile, des engagements pris par la municipalité, le commandant d'armes rendra compte au général commandant le corps d'armée qui, le cas échéant, demandera au Ministre (Etat-Major de l'Armée ; 1er Bureau) un arrêté de réquisition de logement ou de cantonnement, en exécution de l'article 1er de la loi du 3 juillet 1877 relative aux réquisitions militaires.

Circulaire relative aux indemnités de logement et de cantonnement dues aux habitants des communes dans lesquelles des troupes sont stationnées à l'occasion de grèves.

(Direction de l'Intendance militaire ; Bureau de l'Habillement, du Campement et des Lits militaires.)

Paris, le 16 janvier 1905.

Logement et cantonnement des troupes en cas de grève.

Il résulte d'un avis du Conseil d'Etat en date du 20 juillet 1904, que le logement ou le cantonnement des troupes stationnées dans une commune, à l'occasion d'une grève, ne rentre dans aucun des cas exceptionnels spécifiés par l'article 15 de la loi du 3 juillet 1877, relative aux réquisitions militaires.

Par conséquent, ce logement ou ce cantonnement ouvre aux habitants le droit à une indemnité pour la durée intégrale du séjour des troupes stationnées dans la commune à l'occasion de la grève, c'est-à-dire sans déduction des trois premières nuits, et alors même que le nombre de lits ou places occupés dans le courant d'un même mois serait resté inférieur au triple du nombre des lits ou places portés sur l'extrait du tableau des ressources de la commune, prévu au titre III du décret du 2 août 1877, portant règlement d'administration publique pour l'exécution de la loi sur les réquisitions militaires.

Circulaire dispensant les écoles maternelles du logement en nature et du cantonnement comme les écoles de filles (1).

(Etat-Major de l'Armée; Bureau de l'Organisation et de la Mobilisation générales.)

Paris, le 15 septembre 1908.

L'article 12 de la loi du 3 juillet 1877, relative aux réquisitions militaires et modifiée par la loi du 5 mars 1890, ainsi que l'article 23 du décret du 2 août 1877, complété par le décret du 23 novembre 1886, dispense du logement en nature et du cantonnement, dans certaines conditions, « les veuves et les filles vivant seules ».

Les circulaires du 31 mai 1887 et du 29 mars 1893 ont précisé l'intention du législateur en accordant cette dispense aux écoles normales d'institutrices, aux lycées, collèges et pensionnats de jeunes filles et aux écoles de filles. La première de ces circulaires, en particulier, indique qu'il doit en être de même « des réunions composées exclusivement de veuves ou de filles ».

La dispense précitée est, par suite, applicable :

1° Aux écoles maternelles qui sont, en effet, ainsi que les écoles de filles, confiées à un personnel exclusivement féminin ;

2° Aux écoles mixtes *quand elles sont dirigées par des institutrices*, leur personnel étant, dans ce cas, exclusivement féminin.

---

(1) Modifiée par la circulaire du 15 février 1910 (*B. O.*, p. 325).

Circulaire relative au logement et au cantonnement des troupes de toutes armes, envoyées dans les camps d'instruction, champs de tir ou centres d'exercices spéciaux.

(Direction de l'Intendance militaire; Bureau des Personnels de l'Intendance et de l'Ameublement. — N° 102.)

Paris, le 7 mai 1909.

Le Sous-Secrétaire d'Etat au ministère de la guerre rappelle que les dispositions des articles 5, 8 et 9 de la loi du 3 juillet 1877 sur les réquisitions militaires devront être, à l'avenir, rigoureusement appliquées en ce qui concerne les troupes, quelle que soit leur arme, qui, étant détachées dans des camps d'instruction, champs de tir ou centres d'exercices spéciaux, n'auront pu y être baraquées ni campées.

Le Sous-Secrétaire d'Etat
au ministère de la guerre,
Henry CHÉRON.

III. — Dispositions relatives à la réquisition des animaux et voitures nécessaires à la mobilisation.

Décret désignant les catégories d'exemptions à établir en exécution du titre VIII de la loi du 3 juillet 1877, relative aux réquisitions militaires.

Versailles, le 9 avril 1878.

Le Président de la République française,

Vu les articles 40 et 42 du titre VIII de la loi du 3 juillet 1877, sur les réquisitions militaires;

Vu le décret du 2 août 1877, portant règlement d'administration publique pour l'exécution de la loi précitée ;

Sur le rapport du Ministre de la guerre,

Décrète :

Art. 1er. Les fonctionnaires, les administrations publiques et les établissements publics appelés à bénéficier des exemptions prévues par les articles 40 et 42 de la loi du 3 juillet 1877, sur les réquisitions militaires, sont désignés dans le tableau ci-après, savoir :

TABLEAU

Indiquant les exemptions à accorder aux fonctionnaires et établissements publics qui sont tenus de posséder des chevaux, juments, mulets et mules, et des voitures pour le service de l'État.

DÉSIGNATION des MINISTÈRES.	DÉSIGNATION : 1° Des fonctionnaires qui sont tenus de posséder des chevaux et voitures ; 2° Des administrations auxquelles des chevaux de service et des voitures sont nécessaires.	Nombre d'animaux par fonctionnaire ou établissement.	Nombre de voitures à 2 ou à 4 roues, par fonctionnaire ou établissement.	OBSERVATIONS.
	Tous les ministres	»	»	Sans fixation de chiffres.
JUSTICE	*Imprimerie nationale.*			
	Directeur et service	10	5	
AFFAIRES ÉTRANGÈRES.	....	»	»	Suppression (décret du 27 octobre 1883).
	....	»	»	Id.
	Le directeur des aff. politiques	3	4	Addition (même décret).
INTÉRIEUR	Préfets des départements	2	»	
	Sous-préfets des arrondissements	1	»	
	Etablissements pénitentiaires.			
	Clairvaux (Aube)	6	5	
	Val d'Yèvre (Cher)	11	5	
	Casabianca (Corse)	45	20	
	Castelluccio (Corse)	8	4	
	Chiavari (Corse)	31	15	
	Saint-Ilan (Côtes-du-Nord)	2	1	
	Gaillon (Eure)	1	1	
	Les Douaires (Eure)	10	5	

DÉSIGNATION des MINISTÈRES.	DÉSIGNATION : 1° Des fonctionnaires qui sont tenus de posséder des chevaux et voitures ; 2° Des administrations auxquelles des chevaux de service et des voitures sont nécessaires.	Nombre d'animaux par fonctionnaire ou établissement.	Nombre de voitures à 2 ou à 4 roues, par fonctionnaire ou établissement.	OBSERVATIONS.
	Etablissements pénitentiaires. (Suite.)			
	Maison centrale de Nîmes (Gard)	1	1	
	Colonie de Mettray (Indre-et-Loire)	5	2	Décret du 27 octobre 1883.
	La Motte-Beuvron (Loir-et-Cher)	8	4	
	Fontevrault (Maine-et-Loire)	3	2	
	Loos (Nord)	2	2	
	Saint-Bernard (Nord)	13	6	
	La Grande-Trappe (Orne)	2	2	
	Ecole Saint-Joseph, à Frasnes (Haute-Saône)	2	1	
	Atelier-refuge de Rouen	2	2	
	Saint-Hilaire (Vienne)	14	7	
	Aniane (Hérault)	4	5	Décret du 30 juin 1896.
	Etablissements généraux de bienfaisance.			
	Maison nationale de Charenton (Seine)	3	2	
	Asile national de Vincennes (Seine)	5	2	
INTÉRIEUR (*Suite*).	Asile national du Vésinet (Seine-et-Oise)	3	2	
	Institution nationale des sourdes-muettes de Bordeaux	1	1	
	Hospice national du Mont-Genèvre	1	1	
	Institution nationale des sourds-muets de Chambéry	1	1	
	Etablissements hospitaliers.			
	Dépôt de mendicité de Montreuil-sous-Laon (Aisne)	4	2	
	Hospice d'Angoulême (Charente)	2	2	
	Dépôt de mendicité de Rabès (Corrèze)	1	1	
	Hospice général de Tours (Indre-et-Loire)	5	3	
	Hospice d'Alençon (Orne)	1	1	
	Dépôt de mendicité de Neurey (Haute-Saône)	2	1	
	Hospices du Mans (Sarthe)	1	1	
	Hospices de Poitiers (Vienne)	1	1	
	Hospices civils de Reims (Marne)	1	1	Décret du 27 oct. 1883

DÉSIGNATION des MINISTÈRES.	DÉSIGNATION : 1°. Des fonctionnaires qui sont tenus de posséder des chevaux et voitures; 2° Des administrations auxquelles des chevaux de service et des voitures sont nécessaires.	Nombre d'animaux par fonctionnaire ou établissement.	Nombre de voitures à 2 ou à 4 roues, par fonctionnaire ou établissement.	OBSERVATIONS.
INTÉRIEUR (*Suite.*)	*Etablissements hospitaliers.* (Suite.)			
	Administration des pompes funèbres de la ville de Marseille	40	»	Décret du 23 nov. 1888.
	Hospices de Montpellier.......	3	»	Décret du 31 août 1891.
	Hôpital-hospice de Niort.......	11	»	Décret du 4 juill. 1892.
	Administration des pompes funèbres de la ville d'Orléans..	2	2	Décret du 4 fév. 1893.
	Hospices de Lille.............	3	4	Décret du 20 août 1908.
	Etablissements dépendant de l'assistance publique de Paris (Seine).			
	Hôpital de la Charité, à Paris..	1	1	
	— de la Pitié, à Paris....	1	1	
	— Saint-Antoine, à Paris..	1	2	
	— Necker, à Paris........	1	2	
	— Beaujon, à Paris.......	1	2	
	— Lariboisière, à Paris....	2	2	
	— Saint-Louis, à Paris....	2	3	
	— des enfants malades, à Paris................	2	1	
	— Sainte-Eugénie, à Paris.	2	2	
	— de Berck-sur-Mer (Pas-de-Calais)..........	3	1	
	Maison municipale de santé, à Paris	1	2	
	Hospice des enfants assistés, à Paris.....................	4	3	
	Hospice de Bicêtre (vieillesse, hommes), à Gentilly (Seine)..	6	4	
	Hospice de la Salpêtrière (vieillesse, femmes), à Paris......	6	6	
	Hospice des incurables, à Ivry (Seine)..................	3	3	
	Maison des ménages, à Issy (Seine)..................	2	3	
	Institution de Sainte-Périne, à Paris (Auteuil)..........	1	2	
	Amphithéâtre d'anatomie, à Paris....................	1	2	
	Hospice de la Reconnaissance (fondation Brézin), à Garches (Seine-et-Oise)............	1	3	

DÉSIGNATION des MINISTÈRES.	DÉSIGNATION : 1° Des fonctionnaires qui sont tenus de posséder des chevaux et voitures ; 2° Des administrations auxquelles des chevaux de service et des voitures sont nécessaires.	Nombre d'animaux par fonctionnaire ou établissement.	Nombre de voitures à 2 ou à 4 roues, par fonctionnaire ou établissement.	OBSERVATIONS.
INTÉRIEUR (*Suite.*)	*Service municipal de la ville de Paris.*			
	Octroi de la ville de Paris....	4	2	Décret du 25 fév. 1879.
	Administration des pompes funèbres de la ville de Paris...	364	»	Décret du 7 fév. 1887.
	Asiles d'aliénés.			
	Prémontré (Aisne)............	6	3	
	Ste-Catherine, commune d'Yseure (Allier)..................	3	2	
	Saint-Lizier (Ariège)...........	1	1	
	Rodez (Aveyron)...............	1	1	
	Aix (Bouches-du-Rhône).......	2	1	
	Marseille (Bouches-du-Rhône)..	1	1	
	Breuty (Charente).............	2	1	
	Lafond, commune de Cognehors (Charente-Inferieure).........	2	1	
	Bourges (Cher)................	2	2	
	Dijon (Côte-d'Or)..............	1	1	
	Lehon, près Dinan (Côtes du-Nord)........................	2	1	
	Bon-Sauveur, à Bigard (Côtes-du-Nord).....................	2	1	
	Evreux (Eure)..................	3	2	
	Bonneval (Eure-et-Loir)........	3	2	
	Saint-Athanase, près Quimper (Finistère)..................	4	2	
	Toulouse (Haute-Garonne).....	5	1	
	Auch (Cher)...................	2	1	
	Bordeaux (Gironde)...........	1	1	
	Cadillac (Gironde)............	2	2	
	Rennes (Ille-et-Vilaine)........	3	2	
	Saint-Robert, à Saint-Egrève (Isère)....................	1	1	
	Dôle (Jura)....................	4	2	
	Blois (Loir-et-Cher)...........	2	2	
	Saint-Alban (Lozère)...........	2	1	
	Saint-Gemmes, près Angers (Maine-et-Loire)..............	4	2	
	Pontorson (Manche)...........	1	1	
	Picauville (Manche)...........	1	1	
	Saint-Lô (Manche).............	1	1	
	Châlons (Marne)..............	2	1	
	Saint-Dizier (Haute-Marne)....	1	1	
	La Roche-Gandon, commune de Mayenne (Mayenne)............	2	1	
	Maréville (Meurthe-et-Moselle).	4	2	

DÉSIGNATION des MINISTÈRES.	DESIGNATION : 1° Des fonctionnaires qui sont tenus de posséder des chevaux et voitures ; 2° Des administrations auxquelles des chevaux de service et des voitures sont nécessaires.	Nombre d'animaux par fonctionnaire ou établissement.	Nombre de voitures à 2 ou à 4 roues, par fonctionnaire ou établissement.	OBSERVATIONS
INTÉRIEUR (*Suite.*)	*Asiles d'aliénés.* (Suite.)			
	Fains, près Bar-le-Duc (Meuse).	1	1	
	La Charité, près Nevers (Nièvre).	1	1	
	Bailleul (Nord)...............	6	3	
	Armentières (Nord)...........	5	3	
	Lommelet, à Marquette (Nord).	4	2	
	Alençon (Orne)...............	2	1	
	Pau (Basses-Pyrénées)..........	4	2	
	Bron (Rhône)..................	4	2	
	Le Mans (Sarthe)..............	1	1	
	Bassens (Savoie)..............	1	1	
	Sainte-Anne, à Paris..........	4	6	Décret du 25 fév. 1879.
	Vaucluse, commune d'Epinay-sur-Orge (Seine-et-Oise)......	8	3	Même décret
	Ville-Evrard, commune de Neuilly-sur-Marne (Seine-et-Oise).....................	6	2	Même décret
	Quatre-Mares, à Sotteville-lès-Rouen (Seine-Inférieure).....	6	3	
	Bon-Sauveur (Tarn)...........	1	1	
	Mont-de-Vergues, à Avignon (Vaucluse).................	2	1	
	La Roche-sur-Yon (Vendée)....	2	1	
	Naugeat, à Limoges (Hte-Vienne)	1	1	
FINANCES.	Administration centrale........	3 (1)	3	(1) Ces chevaux appartiennent à un entrepreneur.
	1° *Administration des Douanes.*			
	Inspecteurs divisionnaires.....	2	»	
	Sous-inspecteurs divisionnaires.	2	»	
	Employés des brigades à cheval.	1	»	
	2° *Administration des contributions indirectes.*			
	Receveurs ambulants à cheval.	1	1	Décret du 22 juin 1891.
	Commis principaux à cheval...	1	»	
	3° *Administration des télégraphes.*			
	Dépôt central à Paris.........	6 (1)	»	Décret du 21 août 1892.

DÉSIGNATION des MINISTÈRES.	DÉSIGNATION : 1° Des fonctionnaires qui sont tenus de posséder des chevaux et voitures ; 2° Des administrations auxquelles des chevaux de service et des voitures sont nécessaires	Nombre d'animaux par fonctionnaire ou établissement.	Nombre de voitures à 2 ou à 4 roues, par fonctionnaire ou établissement.	OBSERVATIONS.
MARINE	*Adjudicataires des travaux dans les ports et établissements de la marine :*			
	A Cherbourg	90	32	Décret du 20 sept. 1901.
	A Brest	72	30	Même décret
	A Lorient	20	2	Décret du 23 juillet 1893
	A Rochefort	10	»	Même décret
	A Toulon	29	8	Décrets du 23 juillet 1893 et 20 sept. 1901.
	A Indret	8	»	
	A Guérigny	11	»	
	Hôpital maritime de Rochefort	1	5	Décret du 25 fév. 1879.
	Hospice des orphelines de la Marine de Rochefort	1	1	Même décret
INSTRUCTION PUBLIQUE ET BEAUX-ARTS.	Faculté de médecine de Paris	1	1	
	Lycée de Nantes	4	1	
	Service des bâtiments civils et palais nationaux.			
	Conservation du mobilier national	4	10	
	Palais du Luxembourg	1	2	
	Palais de Versailles	1	2	
	Palais de Saint-Cloud	3	4	
AGRICULTURE.	1° *Service des haras.*			
	Inspecteurs généraux	2	1	
	Directeurs des dépôts d'étalons	1	1	
	Sous-directeurs des dépôts d'étalons	1	»	
	2° *Service des forêts.*			
	Inspecteurs	1	»	
	Sous-inspecteurs	1	»	
	Gardes généraux	1	»	
	Gardes généraux adjoints	1	»	
	Brigadiers du service des dunes	1	»	

DÉSIGNATION des MINISTÈRES.	DÉSIGNATION : 1° Des fonctionnaires qui sont tenus de posséder des chevaux et voitures ; 2° Des administrations auxquelles des chevaux de service et des voitures sont nécessaires.	Nombre d'animaux par fonctionnaire ou établissement.	Nombre de voitures à 2 ou à 4 roues, par fonctionnaire ou établissement.	OBSERVATIONS.
AGRICULTURE. (*suite*.)	3° *Service de l'agriculture.*			
	Ecoles nationales d'agriculture (Grignon, Montpellier, Rennes)........................	1	1	Décret du 7 juin 1902.
	Ecole nationale d'horticulture de Versailles........................	1	1	
	Ecole nationale des industries agricoles de Douai........	1	1	
	Ecoles nationales vétérinaires (Alfort, Lyon, Toulouse).....	1	1	
TRAVAUX PUBLICS.	1° *Service des ponts et chaussées.*			
	Les ingénieurs ordinaires chargés d'un service d'arrondissement........................	1	»	
GUERRE.	1° *Cadre de réserve (officiers généraux et assimilés)* (1).			(1) Suppression (décret du 21 févr. 1879).
	2° *Réserve et armée territoriale (officiers supérieurs et assimilés)* (2).			(2) Suppression (même décret).

Art. 2. Les décrets des 23 octobre, 23 et 24 novembre 1874, 30 janvier 1876 et 8 mai 1877 sont abrogés.

Art. 3. Le Ministre de la guerre est chargé de l'exécution du présent décret.

Circulaire fixant le prix des chevaux de réquisition.

Paris, le 18 avril 1913.

Pour l'application des dispositions prévues par la loi du 27 mars 1906, sur les réquisitions militaires, et par le décret du 13 novembre 1907, portant règlement d'administration publique, le tableau ci-après détermine les prix auxquels seront payés, dans chaque série des différentes catégories, les animaux requis pour le service de l'armée :

	CATÉGORIES	CHEVAUX D'OFFICIERS.			CHEVAUX DE TROUPE.			OBSERVATIONS.
		1re série. — Chevaux ayant moins de 10 ans.	2e série. — Chevaux de 10, 11 et 12 ans.	3e série. — Chevaux de 13 ans et au-dessus.	1re série. — Chevaux ayant moins de 10 ans.	2e série. — Chevaux de 10, 11 et 12 ans.	3e série. — Chevaux de 13 ans et au-dessus.	
		Prix du budget, sans majoration ni déduction.	Prix du budget, diminué d'un quart.	Prix du budget, diminué des 3/5.	Prix du budget, sans majoration ni déduction.	Prix du budget, diminué d'un quart.	Prix du budget, diminué des 3/5.	
		fr.	fr.	fr	fr.	fr.	fr.	
INTÉRIEUR.	1re catégorie (chevaux de cuirassiers)	1.895	1.421	758	1.395	1.046	558	
	2e — (chevaux de dragons)	1.625	1.219	650	1.215	911	486	
	3e — (cavalerie légère)	1.475	1.106	590	1.075	806	430	
	4e — (artillerie-selle)	1.625	1.219	650	1.215	911	486	
	5e — (trait léger)	»	»	»	1.125	844	450	
	6e — (train, gros trait)	»	»	»	1.125	844	450	
	7e, 8e, 9e catégories (mulets)	»	»	»	1.000	750	400	
ALGÉRIE	Chevaux de race arabe. Selle	900	675	360	700	525	280	
	Trait léger	»	»	»	700	525	280	
	Mulets	»	»	»	550	412	220	

Conformément aux dispositions de la loi précitée du 27 mars 1906 et du décret du 13 novembre 1907, la commission de réquisition pourra fixer exceptionnellement des prix supérieurs à ceux indiqués ci-dessus pour les animaux qui, de l'avis unanime de ses membres et du vétérinaire qui l'assiste, auraient une valeur notablement supérieure à ces prix.

Toutefois, la majoration ne devra jamais dépasser, pour les animaux de chaque série, le quart du prix qui leur est attribué dans le tableau ci-dessus.

Loi relative au recensement, au classement et à la réquisition des voitures automobiles.

(Etat-Major de l'Armée; Bureau de l'Organisation et de la Mobilisation de l'Armée.)

Paris, le 22 juillet 1909.

Le Sénat et la Chambre des députés ont adopté,

Le Président de la République promulgue la loi dont la teneur suit :

Art. 1er. L'autorité militaire a le droit d'acquérir, par voie de réquisition et dans les conditions générales prévues par la loi du 3 juillet 1877, les voitures automobiles nécessaires au service de l'armée.

Art. 2. Tous les ans, du 1er au 16 janvier, a lieu, dans chaque commune, sur la déclaration obligatoire des propriétaires, et au besoin d'office, le recensement des voitures automobiles.

Les listes de recensement doivent mentionner en regard de chaque voiture, outre les noms des propriétaires, les noms des personnes habituellement préposées à la conduite de ces voitures, lorsque ces personnes sont soumises aux obligations du service militaire.

Art. 3. Chaque année, le Ministre de la guerre fait procéder, du 16 janvier au 1er mars ou du 15 avril au 15 juin, à l'inspection et au classement des voitures automobiles.

L'inspection et le classement ont lieu, dans chaque département, dans les localités désignées à l'avance par l'autorité militaire, après entente avec les préfets. Le maire de chaque commune où il existe des automobiles ou son suppléant légal assiste à l'inspection et au classement.

Ces opérations sont effectuées par des commissions mixtes désignées dans chaque région par le général commandant le corps d'armée et composées chacune de :

Un officier, *président*.
Un membre civil compétent désigné par le préfet.
Un représentant du service des mines.

Ces trois membres ont voix délibérative.

Il ne sera pas alloué d'indemnité au membre civil de ladite commission.

Art. 4. Les voitures automobiles reconnues propres à l'un des services de l'armée sont classées suivant les catégories établies au budget pour les achats annuels des voitures automobiles par le ministère de la guerre.

Art. 5. Sont exemptées de la réquisition en cas de mobilisation et ne sont pas portées sur la liste de classement par catégories :

1° Les voitures appartenant au chef de l'Etat ;

2° Les voitures dont les fonctionnaires sont tenus d'être pourvus pour leur service ;

3° Les voitures de l'administration des postes ou celles qu'elle entretient pour son service par des contrats particuliers ;

4° Les voitures indispensables pour assurer le service des administrations publiques ;

5° Les voitures appartenant aux docteurs en médecine, à raison d'une voiture par médecin.

Art. 6. Les voitures recensées sont présentées en bon état de fonctionnement aux commissions mixtes, qui arrêtent leur classement.

A l'issue du classement, il est procédé, en présence de la commission, pour chaque commune et, dans chaque commune, pour chaque catégorie de voitures, à un tirage au sort qui règle l'ordre d'appel des voitures en cas de mobilisation.

Art. 7. Un tableau certifié par le président de la commission et par le maire indiquant. pour chaque commune, le signalement des voitures classées et le nom de leur propriétaire, est adressé au bureau de recrutement du ressort. Les numéros de tirage au sort y sont inscrits.

Un double de ce tableau est déposé à la mairie jusqu'au classement suivant.

Art. 8. Le contingent des voitures automobiles à fournir en cas de mobilisation, dans chaque région, est fixé par le Ministre de la guerre d'après les ressources constatées au classement pour chaque catégorie.

Art. 9. Dès la réception de l'ordre de mobilisation, le maire prévient les propriétaires de voitures automobiles, d'après les numéros de tirage portés sur le dernier état de classement, suivant la demande de l'autorité militaire, d'avoir à les faire conduire, aux jour et heure fixés, au point indiqué par cette autorité.

Les voitures automobiles qui, pour un motif quelconque, n'auraient pas été déclarées au recensement, ni présentées au dernier classement, doivent être conduites au même point de rassemblement.

Les voitures doivent être pourvues des accessoires, objets de rechange et d'approvisionnement déterminés par un arrêté ministériel et dont la liste sera communiquée aux intéressés lors du classement.

Si les propriétaires ne présentent pas ces accessoires, objets de rechange et d'approvisionnement déterminés ci-dessus, leur valeur sera déduite du prix de la voiture.

Art. 10. Des commissions mixtes, désignées par l'autorité militaire, procèdent, audit point, à la réquisition par commune des voitures automobiles amenées, et opèrent le classement non encore fait de celles qui se trouvent visées au deuxième alinéa de l'article précédent.

Art. 11. Le propriétaire d'une voiture comprise dans le contingent a le droit de présenter à la commission mixte et de faire inscrire à sa place une autre voiture non comprise dans le contingent, mais appartenant à la même catégorie.

Art. 12. Les prix des voitures automobiles requises sont déterminés à l'avance et fixés d'une manière absolue d'après leur catégorie et leur ancienneté de fabrication.

A cet effet, dans chaque catégorie, les voitures sont réparties en trois séries :

La première comprenant les voitures ayant moins de deux ans de fabrication ;

La deuxième comprenant les voitures ayant deux, trois et quatre ans de fabrication ;

La troisième comprenant les voitures ayant cinq ans et plus de cinq ans de fabrication.

Les prix attribués, dans chaque catégorie, aux voitures ayant moins de deux années de fabrication sont fixés aux chiffres portés au budget de l'année sans aucune majoration ni déduction ou, à défaut, aux chiffres fixés par le Ministre.

Les déductions à opérer pour les voitures d'une même catégorie, en raison de leur ancienneté de fabrication, sont déterminées par un règlement d'administration publique.

La commission de réquisition pourra fixer exceptionnellement un prix supérieur au prix budgétaire pour les voitures qui, de l'avis unanime de ses membres, auraient une valeur notablement supérieure à ce prix. Toutefois, la majoration ne dépassera pas le quart du prix budgétaire. La commission fixe également le prix des accessoires, objets de rechange et d'approvisionnement dont la voiture doit être pourvue, conformément à l'article 9 ci-dessus.

Art. 13. Les propriétaires des voitures reçoivent sans délai des mandats en représentant le prix et payables à la caisse du receveur des finances le plus à proximité.

Art. 14. Les propriétaires qui, aux termes de l'article 9 ci-dessus, n'auront pas conduit les voitures classées ou susceptibles de l'être au lieu indiqué pour la réquisition sans motifs légitimes, sont déférés aux tribunaux et, en cas de condamnation, frappés d'une amende de cinquante à cinq mille francs (50 à 5.000 francs).

Néanmoins, la saisie et la réquisition pourront être exécutées immédiatement, à la diligence du président de la commission de réception ou de l'autorité militaire.

Art. 15. Les commissions mixtes statuent définitivement sur les réclamations ou excuses qui peuvent être présentées par les propriétaires des voitures automobiles.

Réciproquement, aucun recours n'est ouvert à l'administration militaire contre leur décision.

Art. 16. Les propriétaires de voitures automobiles qui ne se conformeront pas aux dispositions autres que celles de l'article 14 de la présente loi, sont passibles d'une amende de vingt-cinq à mille francs (25 à 1.000 francs). Ceux qui auront fait sciemment de fausses déclarations seront frappés d'une amende de cinquante à deux mille francs (50 à 2.000 francs).

En temps de paix et hors le cas de mobilisation, l'article 463 du code pénal et la loi du 26 mars 1891 seront applicables.

La présente loi, délibérée et adoptée par le Sénat et par la Chambre des députés, sera exécutée comme loi de l'Etat.

Fait à Paris, le 22 juillet 1909.

A. FALLIÈRES.

Par le Président de la République :

Le Président du Conseil,
Ministre de l'intérieur,
G. CLEMENCEAU.

Le Ministre de la guerre,
G. PICQUART.

Le Ministre des travaux publics, des postes et des télégraphes,
LOUIS BARTHOU.

Décret fixant les déductions à opérer sur les prix des voitures automobiles requises en vertu de la loi du 22 juillet 1909.

(État-Major de l'Armée; Bureau de l'Organisation et de la Mobilisation de l'Armée.)

Paris, le 7 octobre 1910.

RAPPORT AU PRÉSIDENT DE LA RÉPUBLIQUE FRANÇAISE.

Monsieur le Président,

Une loi récente a prévu les mesures de préparation et d'exécution de la réquisition des voitures automobiles.

L'article 12 de cette loi, après avoir réparti ces voitures en trois séries suivant l'ancienneté de leur fabrication (voitures ayant moins de deux ans de fabrication, 1re série; voitures ayant deux ans, trois ans et quatre ans de fabrication, 2e série; voitures ayant cinq ans et plus de cinq ans de fabrication, 3e série), prévoit que des déductions seront opérées sur le prix d'achat des voitures de 2e et 3e séries et que ces déductions seront fixées par un règlement d'administration publique.

Le règlement d'administration publique joint au présent rapport répond à cet objet; les déductions en question ont été fixées sur la proposition de la commission des transports militaires par automobiles :

Pour la 2e série, à un tiers du prix de la 1re série;
Pour la 3e série, à deux tiers du prix de la 1re série.

Ce règlement ayant obtenu l'adhésion du Conseil d'État, nous avons l'honneur de le soumettre à votre haute approbation.

Veuillez agréer, Monsieur le Président, l'hommage de notre respectueux dévouement.

Le Ministre de la guerre,
BRUN.

Le Ministre des travaux publics,
MILLERAND.

DÉCRET.

Le Président de la République française,

Sur le rapport des Ministres de la guerre et des travaux publics ;

Vu l'avis du Ministre de l'intérieur ;

Vu l'article 12 de la loi du 22 juillet 1909 sur le recensement, le classement et la réquisition des voitures automobiles, notamment le paragraphe 7 ainsi conçu :

« Les déductions à opérer pour les voitures d'une même catégorie en raison de leur ancienneté de fabrication sont déterminées par un règlement d'administration publique. »

Le Conseil d'État entendu,

Décrète :

Art. 1er. Les déductions à apporter aux prix des voitures appartenant, dans chaque catégorie, aux 2e et 3e séries définies à l'article 12 de la loi du 22 juillet 1909 sont fixées :

Pour la 2e série, à un tiers du prix de la 1re série ;
Pour la 3e série, à deux tiers du prix de la 1re série.

Art. 2. Les Ministres de la guerre et des travaux publics sont chargés, chacun en ce qui le concerne, de l'exécution du présent décret, qui sera publié au *Journal officiel* et inséré au *Bulletin des lois*.

Fait à Loupillon, le 7 octobre 1910.

A. FALLIÈRES.

Par le Président de la République :

Le Ministre de la guerre, BRUN.

Le Ministre des travaux publics, MILLERAND.

IV. — Dispositions spéciales à l'Algérie.

Décret pour l'application, en Algérie, de la loi du 3 juillet 1877 sur les réquisitions militaires.

Mont-sous-Vaudrey, le 8 août 1885.

Le Président de la République française,

Vu la loi du 3 juillet 1877, relative aux réquisitions militaires ;

Vu le décret du 2 août suivant, portant règlement d'administration publique pour l'exécution de cette loi ;

Sur le rapport du Ministre de la guerre,

Décrète :

Art. 1er. La loi du 3 juillet 1877, relative aux réquisitions militaires, et le décret du 2 août 1877, portant règlement d'administration publique pour l'exécution de cette loi, sont applicables en Algérie.

Art. 2. En cas de rassemblement et de mouvements de troupes, le droit de requérir et de déterminer la nature des réquisitions, ainsi que les portions du territoire sur lesquelles ces réquisitions peuvent être exercées, appartient au gouverneur général de l'Algérie, par délégation du Ministre de la guerre.

Art. 3. Les dispositions contenues dans la loi et le décret mentionnés ci-dessus ne seront appliquées aux indigènes non naturalisés français qu'avec les modifications spécifiées dans les articles ci-après.

Art. 4. La fourniture des prestations exigibles des indigènes non naturalisés Français, pour les besoins de l'armée et par voie de réquisition, comprend, dans les limites fixées par l'article 19 de la loi du 3 juillet 1877 et l'article 38 du décret du 2 août 1877 :

1° Le cantonnement, pour les hommes et pour les animaux, dans les locaux disponibles ;

2° Les vivres et le chauffage pour les hommes ; l'orge, la paille et le fourrage pour les animaux ;

3° Les moyens de transport, en animaux de selle, de trait et de bât, soit par voie d'achat, soit par voie de location, y compris le personnel de conduite ;

4° Les guides, les messagers, ainsi que les ouvriers pour tous les travaux que les différents services de l'armée ont à exécuter.

Art. 5. Tous les ans, à l'époque du recensement du Zekkat, les maires ou les autorités qui en tiennent lieu dressent, par commune, section de commune ou tribu, et dans les conditions qui seront réglées par un arrêté du gouverneur général de l'Algérie, l'état de tous les animaux de selle, de trait et de bât qui ont atteint, au 1er janvier, l'âge de quatre ans, pour les chameaux, chamelles, chevaux et juments, et de trois ans pour les mulets et mules, et qui sont, par les autorités ci-dessus désignées, reconnus propres au service des convois militaires et des colonnes expéditionnaires.

Art. 6. Les relevés numériques des états ainsi établis, déduction faite des étalons approuvés, des juments et des chamelles pleines ou suitées, des animaux appartenant personnellement aux chefs, adjoints et agents indigènes rétribués sur l'un des budgets de l'État, des départements ou des communes, et ensuite du cinquième pour les non-valeurs, constituent le contingent maximum à fournir, le cas échéant, par chaque commune, section de commune ou tribu.

Art. 7. Ces relevés numériques, arrêtés et centralisés par les préfets ou les généraux de division, suivant le territoire, sont communiqués au général commandant le 19e corps d'armée.

Art. 8. Il n'est procédé à aucun autre classement des animaux soumis à la réquisition.

Art. 9. L'ordre de réquisition, qui est adressé, suivant le territoire, aux maires, aux administrateurs civils ou aux commandants de cercle ou d'annexe, et, dans le cas de nécessité résultant de l'éloignement et de l'urgence, aux adjoints ou aux chefs indigènes, indique toujours le nombre des animaux requis, ainsi que le jour et le lieu de leur réunion. Ces animaux doivent être pourvus d'un bât, d'un tellis ou filet et des cordes nécessaires pour assurer la charge. Ils sont examinés et reçus par une commission mixte, dont la composition sera réglée par le gouverneur général de l'Algérie, et qui, seule juge de leur acceptation, peut exiger le remplacement des animaux qui seraient reconnus impropres au service pour lequel la réquisition est faite.

L'acquisition éventuelle des animaux par voie d'achat a lieu dans les conditions prescrites par l'article 49 de la loi du 3 juillet 1877 modifiée par la loi du 27 mars 1906, et par les soins de la commission de réception (1).

Dans le cas où un ou plusieurs des animaux requis ne seraient pas présentés au jour et au lieu indiqués, ou seraient présentés non pourvus de leurs accessoires, les maires ou leurs adjoints, ou les agents indigènes seront, dans les conditions déterminées par le gouverneur général de l'Algérie, passibles d'une amende de un à quinze francs, pour chaque animal manquant ou présenté non pourvu de ses accessoires. La même peine sera, en outre, applicable à chacun des propriétaires contrevenants.

Art. 10. Le gouverneur général de l'Algérie fixe, chaque année, après délibération du conseil de gouvernement, les tarifs des indemnités à payer pour les journées de personnel et d'animaux requis, et, en général, pour toutes les prestations fournies, soit par voie d'achat, soit par voie de location.

Art. 11. Le payement de ces indemnités, et, s'il y a lieu, du

(1) Nouvelle rédaction. (Décret du 5 février 1908 ci-après.)

prix d'achat des animaux sera, autant que possible, effectué séance tenante et suivant les règles de la comptabilité militaire, par les soins de l'intendance ou de l'officier chef de convoi qui sera pourvu, à cet effet, des avances nécessaires. Les sommes qui n'auraient pu être remises aux ayants droit, pour toute autre cause que l'abandon de leur poste, seront envoyées au maire de leur résidence ou à l'autorité qui en tient lieu.

Art. 12. Tout propriétaire d'un animal tué, mort ou endommagé par suite de blessures ou de fatigues résultant de la réquisition et dûment constatées pendant l'exécution du service, aura droit à une indemnité fixée, d'après les prix courants du pays, par une commission militaire dont la composition sera réglée par le gouverneur général de l'Algérie.

Tout indigène requis, devenu impotent à la suite de blessures reçues dans un service commandé, recevra, à titre de réparation pécuniaire, une somme d'argent une fois payée.

Tout indigène requis, tué dans un service commandé, ouvrira aux héritiers dont il était le soutien le droit à une réparation pécuniaire, consistant en une somme d'argent une fois payée.

Les sommes dont il est question dans les deux alinéas qui précèdent seront fixées par le gouverneur général de l'Algérie et payées sur la contribution de guerre imposée à l'ennemi ou aux rebelles, ou sur les fonds de l'État.

Art. 13. Un arrêté du gouverneur général de l'Algérie réglera les détails d'exécution du présent décret.

.... (1)

---

(1) Voir volume n° 58, page 103, le décret du 14 mars 1902 rendant applicables à l'Algérie les dispositions de la loi du 17 avril 1901 (Exécution des exercices de tir par les troupes de toutes armes).

Décret pour l'application, en Algérie, de la loi du 3 juillet 1877 sur les réquisitions militaires, modifiée par les lois des 5 mars 1890 et 27 mars 1906.

(État-Major de l'Armée; Bureau de l'Organisation et de la Mobilisation générales.)

Paris, le 5 février 1908.

RAPPORT AU PRÉSIDENT DE LA RÉPUBLIQUE FRANÇAISE.

Monsieur le Président,

Le décret du 8 août 1885 a rendu applicables en Algérie la loi du 3 juillet 1877 sur les réquisitions militaires et le décret du 2 août de la même année portant règlement d'administration publique pour l'exécution de la loi sur les réquisitions militaires.

Un nouveau décret est aujourd'hui nécessaire pour étendre à notre grande colonie les dispositions nouvelles et améliorations qui résultent, au point de vue du régime des réquisitions, de la loi du 27 mars 1906 ainsi que du décret du 13 novembre 1907 portant règlement d'administration publique, qui en a été la conséquence.

Le projet de décret ci-joint répond à cette nécessité. Il tend également à permettre l'application, en Algérie, de la loi du 5 mars 1890 et des décrets du 23 novembre 1886 et du 3 juin 1890 par lesquels certaines modifications de détail ont déjà été apportées au service des réquisitions dans la métropole.

Enfin, dans le but de tenir compte des conditions climatériques spéciales à l'Algérie, il limite à la période du 15 mars au 1er mai l'époque à laquelle pourront avoir lieu dans la colonie les opérations du classement des chevaux et voitures, opérations que la loi du 27 mars 1906 permet d'effectuer en France du 16 janvier au 1er mars ou du 15 avril au 15 juin.

D'accord avec M. le Président du Conseil, Ministre de l'intérieur, j'ai l'honneur de soumettre à votre haute approbation le projet de décret dont il s'agit.

Veuillez agréer, etc.

DÉCRET.

Le Président de la République française,

Vu la loi du 3 juillet 1877 sur les réquisitions militaires ;

Vu les lois des 5 mars 1890 et 27 mars 1906 portant modifications à la loi du 3 juillet 1877 ;

Vu le décret du 2 août 1877 portant règlement d'administration publique pour l'exécution de la loi sur les réquisitions militaires, modifié par les décrets des 23 novembre 1886, 3 juin 1890 et 13 novembre 1907 ;

Vu le décret du 8 août 1885 pour l'application, à l'Algérie, de la loi du 3 juillet 1877 ;

Sur le rapport du Ministre de la guerre,

Décrète :

Art. 1er. Les lois du 5 mars 1890 et du 27 mars 1906 portant modifications à la loi du 3 juillet 1877 sur les réquisitions militaires et les décrets du 23 novembre 1886, du 3 juin 1890 et du 13 novembre 1907 modifiant le décret du 2 août 1877, portant règlement d'administration publique pour l'exécution de la loi sur les réquisitions militaires sont applicables en Algérie.

Art. 2. Le deuxième paragraphe de l'article 9 du décret du 8 août 1885 est remplacé par le suivant :

« L'acquisition éventuelle des animaux par voie d'achat a lieu dans les conditions prescrites par l'article 49 de la loi du 3 juillet 1877, modifiée par la loi du 27 mars 1906, et par les soins de la commission de réception. »

Art. 3. La décision présidentielle du 15 septembre 1886 concernant l'indemnité à allouer pour les chevaux requis en Algérie est abrogée.

Art. 4. Par modification aux dispositions des deux premiers paragraphes de l'article 38 de la loi du 3 juillet 1877, modifiée par la loi du 27 mars 1906, les opérations d'inspection et de classement des animaux et voitures pourront avoir lieu, en Algérie, dans la période comprise entre le 15 mars et le 1er mai.

Art. 5. Un arrêté du gouverneur général de l'Algérie réglera, s'il y a lieu, les détails d'exécution du présent décret.

Art. 6. Le Ministre de la guerre est chargé de l'exécution du présent décret qui sera publié au *Journal officiel* et inséré au *Bulletin officiel* du gouvernement général de l'Algérie.

Décret rendant applicables à l'Algérie : 1° la loi du 22 juillet 1909 sur la réquisition des automobiles ; 2° le décret du 28 juin 1910 sur les obligations des étrangers en matière de réquisitions militaires ; 3° le décret du 7 **octobre** *1910 portant règlement d'administration publique au sujet des déductions à opérer sur le prix des automobiles requises en vertu de la loi du 22 juillet* 1909.

(Etat-Major de l'Armée; Bureau de l'Organisation et de la Mobilisation de l'Armée.)

Paris, le 21 octobre 1910.

RAPPORT AU PRÉSIDENT DE LA RÉPUBLIQUE FRANÇAISE.

Monsieur le Président,

J'ai l'honneur de soumettre à votre signature le décret ci-joint, qui a pour objet de rendre applicables à l'Algérie les trois derniers actes intervenus en matière de réquisitions militaires, savoir :

1° La loi du 22 juillet 1909 relative au recensement, au classement et à la réquisition des voitures automobiles ;

2° Le décret du 28 juin 1910, modifiant le décret du 2 août 1877, en ce qui concerne les obligations des étrangers habitant le territoire français au regard de notre législation sur les réquisitions militaires ;

3° Le décret du 7 octobre 1910 portant règlement d'administration publique pour la fixation des déductions à opérer sur les prix des voitures requises en vertu de la loi du 22 juillet 1909.

Veuillez agréer, Monsieur le Président, l'hommage de mon recpectueux dévouement.

Le Ministre de la guerre,
BRUN.

Décret.

Le Président de la République française,

Vu la loi du 3 juillet 1877 sur les réquisitions militaires ;

Vu les lois des 5 mars 1890 et 27 mars 1906 portant modifications à la loi du 3 juillet 1877 ;

Vu la loi du 22 juillet 1909 relative au recensement, au classement et à la réquisition des voitures automobiles ;

Vu le décret du 2 août 1877 portant règlement d'administration publique pour l'exécution de la loi sur les réquisitions militaires, modifié par les décrets des 23 novembre 1886, 3 juin 1890 et 13 novembre 1907 ;

Vu le décret du 8 août 1885 pour l'application à l'Algérie de la loi du 3 juillet 1877 ;

Vu le décret du 5 février 1908 portant modifications au décret du 8 août 1885 ;

Vu le décret du 28 juin 1910, modifiant les articles 74, 75 et 78 du décret du 2 août 1877, en ce qui concerne les obligations des étrangers habitant le territoire national en matière de réquisitions militaires ;

Vu le décret du 7 octobre 1910 fixant les déductions à opérer sur les prix des voitures automobiles requises en vertu de la loi du 22 juillet 1909 ;

Sur le rapport du Ministre de la guerre,

Décrète :

Art. 1er. La loi du 22 juillet 1909 relative au recensement, au classement et à la réquisition des voitures automobiles est applicable en Algérie.

Les dispositions de cette loi seront également appliquées aux indigènes musulmans non naturalisés français.

Art. 2. Le décret du 28 juin 1910, modifiant le décret du 2 août 1877 portant règlement d'administration publique pour l'exécution de la loi sur les réquisitions militaires, est applicable à l'Algérie.

Art. 3. Le décret du 7 octobre 1910 portant règlement d'administration publique pour la fixation des déductions à opérer sur les prix des voitures requises en vertu de la loi du 22 juillet 1909 est applicable à l'Algérie.

Art. 4. Le Ministre de la guerre est chargé de l'exécution du présent décret, qui sera publié au *Journal officiel* et inséré au *Bulletin officiel* du gouvernement général de l'Algérie.

Fait à Paris, le 21 octobre 1910.

A. FALLIÈRES.

Par le Président de la République :
Le Ministre de la guerre,
BRUN.

V. — Dispositions spéciales à la Tunisie.

Décret beylical du 22 octobre 1900, sur les réquisitions militaires à exercer sur le territoire de la Régence.

28 djoumadi-ettani 1318.

Nous, Ali Pacha Bey, possesseur du Royaume de Tunis,

Vu l'article 3 du traité en date du 12 mai 1881, conclu avec la République française ;

Considérant qu'il est de toute nécessité, pour assurer la défense éventuelle et la tranquillité de notre Royaume, d'organiser d'après des règles précises, le service des réquisitions militaires,

Avons pris le décret suivant :

Art. 1er. Le droit de réquisition qui appartient à Notre Premier Ministre peut être délégué par lui aux autorités civiles et au commandant des forces militaires de la Régence, lequel pourra le subdéléguer aux officiers et fonctionnaires sous ses ordres, ainsi qu'aux présidents des commissions de réception du service de ravitaillement, que ceux-ci soient ou non officiers ou fonctionnaires, sous ses ordres.

Art. 2. Toute réquisition ouvre des droits à une juste indemnité.

Les réquisitions seront toujours formulées par écrit et signées.

Elles mentionnent l'espèce et la quantité des prestations imposées, et autant que possible leur durée. Il est toujours délivré un reçu des prestations fournies.

Art. 3. Sont exigibles par voie de réquisitions :

1° Tous objets, services ou établissements industriels nécessaires soit pour les troupes, soit pour les places de guerre, y compris la subsistance des habitants, soit pour les services militaires du territoire ;

2° Les moyens d'attelage et de transport de toute nature ;

3° Les guides, messagers, conducteurs, ainsi que les ouvriers pour tous les travaux que l'armée pourrait avoir à exécuter.

Dans le cas du paragraphe 3 ci-dessus il sera alloué aux personnes requises, une solde avec ou sans nourriture.

Art. 4. Le logement chez l'habitant et le cantonnement ne seront requis qu'extraordinairement pour les troupes, en utilisant, dans la mesure du nécessaire, la contenance des locaux, sous la réserve toutefois que les propriétaires ou détenteurs conservent toujours le logement qui leur est indispensable.

Ils pourront être requis plus habituellement et surtout dans des établissements publics, pour l'installation des divers services, des magasins, et plus particulièrement des malades ou blessés.

Les édifices religieux ouverts à l'exercice d'un culte sont formellement interdits au cantonnement ainsi que les communautés religieuses de femmes.

En cas de réquisition du cantonnement dans des demeures privées, l'autorité locale prend toutes les mesures propres à concilier la nécessité d'une occupation temporaire avec les lois, mœurs et coutumes des populations.

Art. 5. Est également exigible la livraison à titre définitif, c'est-à-dire sous condition d'achat, des animaux de selle, de trait ou de bât (chevaux, juments, mules, mulets, chameaux et chamelles), ainsi que les voitures attelées nécessaires au complément ou à l'entretien de l'armée.

Le prix à payer dans ce cas sera fixé comme il est dit à l'article 21 ci-après.

Art. 6. Les réquisitions exercées sur une commune ou une

tribu ne doivent porter que sur les ressources existantes sans pouvoir les absorber complètement.

Ne sont pas considérés comme disponibles ou comme fournitures susceptibles d'être réquisitionnées :

1° Les vivres destinés à l'alimentation d'une famille pendant *trente* jours au minimum ;

2° Les fourrages des cultivateurs ne dépassant pas la consommation de leurs bestiaux ou animaux pendant le même laps de temps.

Art. 7. Les ordres de réquisition sont remis au contrôleur civil de la circonscription ou à son suppléant qui les notifie selon le cas, au caïd, au président de la municipalité ou au cheikh. En cas d'impossibilité résultant de l'éloignement et de l'urgence, les ordres de réquisition peuvent être remis directement par l'autorité militaire, soit aux autorités désignées ci-dessus, soit même aux habitants. Dans ce cas, l'autorité requérante adresse le plus tôt possible au contrôleur civil un état faisant connaître l'objet de la réquisition et sa quotité.

S'il y a lieu de requérir la prestation d'un habitant absent et non représenté, l'autorité compétente fait procéder d'office, en présence de deux témoins requis, à la livraison des approvisionnements ou du matériel réquisitionnés.

Procès-verbal est dressé de ces opérations.

Les denrées qui auraient été dissimulées pourront être enlevées d'office sans préjudice des pénalités judiciaires édictées à l'article 9 ci-après.

Art. 8. Les présidents de municipalité et les caïds ou leurs suppléants ainsi que les cheikhs pour la fraction de leur tribu respective, assistent à la livraison des fournitures si elle a lieu sur leur territoire. Si la fourniture doit être transportée dans un autre lieu pour être livrée, ils assistent à la réunion, à l'organisation du transport et à la mise en route ; un chef de convoi responsable est désigné par eux.

Le transport hors du territoire de l'agglomération requise, la nourriture des conducteurs et celle des animaux jusqu'à destination est considérée comme une réquisition complémentaire.

La réception des fournitures requises est faite en conformité des règlements particuliers à chaque service, soit par une commission de réception, soit par les chefs de détachement ou leurs délégués.

Art. 9. Tout refus de la part de l'autorité locale ou municipale d'assurer le recouvrement des prestations demandées, entraînera une condamnation à une amende de 25 à 500 francs, sans préjudice des mesures administratives.

Si le refus provenait du mauvais vouloir des personnes réquisitionnées, les recouvrements seraient assurés au besoin par la force ; en outre, les réfractaires aux ordres de réquisition seront passibles d'une amende qui pourra s'élever au double de la valeur des prestations requises.

Toute personne qui abandonnerait le service pour lequel elle est requise personnellement sera passible :

En temps de paix, d'une amende de seize à cinquante francs (16 à 50 francs) ;

En temps de guerre, et par application des dispositions portées à l'article 62 du Code de justice militaire français, elle sera traduite devant le conseil de guerre et pourra être condamnée à la peine de l'emprisonnement de six jours à cinq ans, dans les termes de l'article 194 du même code.

Art. 10. Tout fonctionnaire civil ou tout militaire qui, en matière de réquisition, abuse des pouvoirs qui lui sont conférés par l'application de l'article 1er du présent décret ou qui refuse de donner reçu des objets fournis, est passible d'un emprisonnement de six jours au moins et de cinq ans au plus. Toute personne qui exerce des réquisitions sans avoir qualité pour le faire, est punie, si ces réquisitions sont faites sans violences, de la peine de la réclusion de un à cinq ans, laquelle, en cas de circonstances atténuantes, sera transformée en emprisonnement de la même durée.

Si les réquisitions sont exercées avec violences, la peine sera celle des travaux forcés à temps et, en cas de circonstances atténuantes, la peine de la réclusion, toujours de un à cinq ans.

Art. 11. Les indemnités dues aux caïdats, municipalités, cheikhats ou personnes qui ont fourni des prestations, sont évaluées par des commissions locales formées sur tous les points où il sera nécessaire.

Ces commissions comprennent trois membres :

Le contrôleur civil ou son suppléant, *président* ;

Un officier subalterne ou d'administration désigné par l'autorité militaire ;

Un fonctionnaire indigène désigné par le gouvernement tunisien.

La commission d'évaluation reçoit des caïds ou présidents de municipalité un état collectif des fournitures et services exécutés par voie de réquisition. Cet état est appuyé des ordres et reçus de réquisition, des certificats d'exécution des services requis et des procès-verbaux de dégâts ou d'estimation s'il y a lieu. Les prix demandés y sont mentionnés.

Ces états sont examinés par la commission d'évaluation qui donne son avis sur le prix de chaque prestation et sur les différences qui peuvent se produire entre les quantités réclamées et celles mentionnées sur les reçus. Elle transmet toutes les pièces au fonctionnaire de l'intendance chargé par l'autorité militaire de fixer l'indemnité.

Les décisions de l'autorité militaire sont adressées dans les huit jours au contrôleur civil et notifiées administrativement par lui aux intéressés dans les trois jours de la réception. Dans un délai de quinze jours à partir de cette notification, les caïds, municipalités ou personnes intéressées doivent faire connaître au contrôleur civil s'ils acceptent ou refusent l'allocation qui leur est offerte.

Faute par eux d'avoir fait connaître leur refus dans ce délai, les allocations sont considérées comme définitives. Le refus sera motivé et indiquera la somme réclamée. Il est transmis par le contrôleur civil à la commission centrale dont il est question à l'article 16 ci-après, ainsi qu'au sous-intendant militaire local.

Art. 12. Après l'expiration du délai fixé par l'avant-dernier paragraphe de l'article précédent, le contrôleur civil adresse au service de l'intendance l'état des allocations devenues définitives par l'acceptation ou le silence des intéressés.

Le montant des allocations portées sur cet état est mandaté collectivement au nom des caïds ou municipalités par les soins du service de l'intendance.

Art. 13. Quand le payement est fait au comptant, le président de la municipalité ou le caïd, aussitôt après avoir touché le mandat, effectue ou fait effectuer le paiement à chaque prestataire. Ces fonctionnaires sont responsables à la fois administrativement et suivant le droit commun, de la répartition des sommes collectivement reçues.

Art. 14. Le payement peut aussi être effectué en bons du Trésor français, portant intérêt à 5 p. 100 du jour de la livraison. Dans ce cas les caïds ou présidents de municipalité encaissent les bons à leur échéance et font ensuite la répartition des intérêts au prorata des indemnités.

Art. 15. Les réquisitions peuvent être payées immédiatement par le requérant si un accord amiable sur le prix de la fourniture intervient entre lui et la partie requise.

Cette transformation qui accélère le payement est rigoureusement subordonnée à la présentation et à l'annulation des ordres et, s'il y a lieu, des reçus de réquisition afin qu'il ne puisse pas y avoir double emploi.

Art. 16. En outre des commissions locales, il est institué en permanence à Tunis, par arrêté de Notre Premier Ministre, une commission centrale de réquisitions.

Cette commission comprend cinq membres :

Un haut fonctionnaire du gouvernement tunisien, *président* ;

Un officier supérieur ;

Un sous-intendant militaire ;

Un fonctionnaire de la direction de l'agriculture et du commerce ;

Un haut fonctionnaire indigène.

En matière de réquisition des chemins de fer, le membre indigène sera remplacé par un fonctionnaire de la direction générale des travaux publics.

Tous ces membres sont désignés sur la proposition de l'autorité dont ils relèvent.

La commission centrale a dans ses attributions :

1° La préparation des règlements et instructions qui seraient jugés nécessaires pour l'application du présent décret ainsi que toutes les mesures relatives à l'exécution des réquisitions ;

2° Les rapports avec les commissions locales d'évaluation ;

3° Les mesures en vue d'assurer l'uniformité et la régularité des liquidations ;

4° Les avis à émettre sur toutes les difficultés auxquelles peut donner lieu le règlement des indemnités relatives aux réquisitions. Toutefois, son avis n'engage pas les parties qui, en cas de non-acceptation, auront à se pourvoir devant les tribunaux compétents. La commission centrale peut s'adjoindre avec voix consultative toute personne qu'elle juge propre à éclairer ses travaux.

Les frais d'expertise sont à la charge de l'administration.

Art. 17. *Dispositions relatives aux chevaux, mulets, chameaux et voitures nécessaires à l'armée.* — Peuvent être requis dans les conditions prévues à l'article 5, tous les animaux de selle, de trait ou de bât ainsi que les voitures attelées nécessaires au complément ou à l'entretien de l'armée.

Art. 18. Les réquisitions soit d'animaux, soit de voitures attelées ont pour base les rôles de prestations de taxes de routes, les rôles des taxes municipales frappant les voitures et charrettes et tous les autres documents établis légalement ou en vertu de décisions administratives. Ces documents sont communiqués à l'autorité militaire sous forme d'états numériques.

Les relevés des états numériques ainsi établis et diminués d'un quart constituent le contingent maximum à fournir le cas échéant par chaque caïdat ou municipalité.

Art. 19. Les ordres de réquisition sont remis au contrôleur civil qui les notifie comme il est dit à l'article 7 ci-dessus, lequel est d'ailleurs entièrement applicable en ce qui concerne les chevaux, mulets, chameaux et voitures attelées ou non.

L'ordre de réquisition indique toujours le nombre des animaux et voitures requis ainsi que le jour et le lieu de leur réunion. Il spécifie également si les animaux doivent être pourvus d'un bât, d'un tellis ou filet et des cordes nécessaires pour assurer la charge.

Les animaux et voitures sont examinés et reçus soit par une commission de réception, soit par les chefs de détachement ou leurs délégués en présence des caïds, présidents de municipalité, et s'il y a lieu des cheikhs ou habitants lorsque, exceptionnellement, l'ordre de réquisition leur a été remis directement. L'autorité qui reçoit les animaux peut exiger le remplacement de ceux qui seraient reconnus impropres au service pour lequel la réquisition est faite. Cette prescription s'applique également aux voitures, harnais, bâts et autres accessoires. Lors de la réception, les animaux, voitures et harnais sont classés en trois catégories (assez bon, bon, très bon) ; mention en est faite sur les reçus collectifs remis aux caïds et présidents de municipalité.

Art. 20. Dans le cas où un ou plusieurs des animaux requis ne seraient pas présentés au jour et au lieu indiqués, ou seraient non pourvus de leurs accessoires, les caïds, présidents de municipalité ou leurs délégués et les cheikhs, seront, sauf excuse valable, passibles d'une amende de un à quinze francs pour chaque animal manquant ou présenté non pourvu de ses accessoires. Il en sera de même s'il s'agit de voitures ou de harnais. La même peine sera en outre applicable à chacun des propriétaires contrevenants.

Art. 21. Un arrêté de Notre Premier Ministre fixe, suivant les propositions qui lui sont adressées par la commission centrale des réquisitions :

1° Les tarifs des indemnités à payer pour les journées de personnel, d'animaux et de voitures requis par voie de location ;

3° Les indemnités à payer en cas d'achat, pour chacune des catégories visées dans l'article 19. Celles-ci sont fixées d'une manière absolue pour tous les animaux, voitures, harnais ou accessoires classés dans la même catégorie. Toutefois les indemnités peuvent varier d'une région à l'autre.

Art. 22. Le payement du prix d'achat des animaux sera autant que possible effectué séance tenante et suivant les règles de la comptabilité militaire, par les soins de l'intendance ou du commandant de détachement. L'autorité militaire sera valablement libérée par les quittances signées des caïds ou présidents de municipalité. Le payement des indemnités pour journées de location sera fait au jour le jour ou en fin de service. Les sommes qui n'auraient pu être remises aux ayants droit pour toute autre cause que l'abandon de leur poste seront envoyées au contrôleur civil de la circonscription d'origine qui en donnera décharge.

Art. 23. Tout propriétaire d'un animal tué, mort ou endommagé par suite de blessures ou fatigues résultant de la réquisition et dûment constatées pendant l'exécution du service aura droit à une indemnité.

Toute personne requise devenue impotente à la suite de blessures reçues dans un service commandé, recevra à titre de réparation pécuniaire une somme d'argent une fois payée.

Toute personne requise, tuée dans un service commandé ouvrira le droit à une réparation pécuniaire, consistant en une somme d'argent une fois payée, qui sera attribuée directement aux enfants de la personne décédés avec usufruit pour la mère, et, dans le cas où il n'y aurait pas d'enfants, en toute propriété à la veuve. S'il n'y a ni femme, ni enfants, la somme reviendra aux père et mère à la condition que l'enquête subséquente fasse connaître qu'ils avaient besoin de l'assistance du défunt.

S'il n'existe ni ascendants, ni descendants des degrés visés ci-dessus, les autres héritiers n'auront droit à aucune indemnité.

Les sommes dont il est question dans les alinéas qui précèdent seront déterminées dans les conditions fixées par les articles 11 et suivants du présent décret.

Art. 24. Notre Premier Ministre est chargé de prendre tous arrêtés nécessaires pour assurer l'exécution du présent décret.

Vu pour promulgation et mise à exécution.

Tunis, le 22 octobre 1900.

Le Délégué à la Résidence générale
de la République française,

M. Grimault.

Décret beylical du 22 octobre 1900, sur les réquisitions militaires relatives aux chemins de fer en Tunisie.

28 djoumadi-ettani 1322.

Nous, Ali Pacha Bey, possesseur du royaume de Tunis,

Vu notre décret beylical du 22 octobre 1900 (28 djoumadi-ettani 1318), relatif aux réquisitions militaires à exercer sur le territoire de la Régence ;

Considérant la nécessité de statuer sur les réquisitions relatives aux chemins de fer et l'utilité de mettre la législation locale en harmonie avec les lois et règlements de l'Etat français, tant en ce qui concerne l'exercice de ces réquisitions ou en ce qui touche l'exploitation en temps de guerre des chemins de fer requis ;

Avons pris le décret suivant :

Obligations des compagnies de chemins de fer. — Cas de réquisitions.

Art. 1er. En cas de mobilisation partielle ou totale des troupes d'occupation de la Régence ou en cas de rassemblement des troupes, les compagnies de chemins de fer sont tenues de mettre à la disposition de l'autorité militaire française toutes les ressources en personnel et en matériel jugées nécessaires pour assurer le transport des troupes, du matériel de guerre ou des approvisionnements soit en Tunisie, soit en Algérie.

L'exécution de ce service peut avoir pour conséquence la suppression complète du service ordinaire de l'exploitation commerciale, sur un réseau entier, ou une partie du réseau.

La suppression de l'exploitation commerciale est notifiée par décret à chaque compagnie sous la forme d'une réquisition. Ce décret, rendu public, spécifie les réseaux ou portions de réseaux soumis à la réquisition. Le retrait de la réquisition est notifié de la même manière.

Toutefois, en ce qui concerne le réseau garanti de la compagnie « Bône-Guelma », le droit de réquisition du chemin de fer, la réglementation de l'exploitation et les stipulations financières qui sont la conséquence des réquisitions relèvent uniquement du Gouvernement français.

Cette réquisition peut encore avoir pour objet d'employer le personnel et le matériel d'une compagnie sur un autre réseau.

La réquisition donne à l'autorité militaire le droit d'utiliser, pour les besoins de l'armée, sur les lignes ou portions de lignes requises, les dépendances des gares et de la voie, ainsi que les fils télégraphiques des compagnies.

La réquisition permet aux compagnies d'opposer aux tiers le cas de force majeure.

Les communes ne peuvent comprendre aucun objet appartenant aux compagnies de chemins de fer dans la réquisition des prestations qu'elles sont requises de fournir par application de notre décret du 22 octobre 1900.

Effets de la réquisition.

Art. 2. Sur les lignes soumises à la réquisition, les compagnies de chemins de fer n'effectuent les transports de voyageurs civils ou d'objets privés que sous la condition expresse que tous les transports militaires soient préalablement assurés.

Les fonctionnaires civils et les personnes civiles voyageant dans un intérêt militaire sont admis dans les trains militaires ou dans les trains du service journalier, s'il en est formé, et sont assimilés aux voyageurs militaires.

On entend par objets privés, tous ceux que l'administration militaire n'a pas pris effectivement en charge. Toutefois, le bétail et les approvisionnements expédiés par les entrepreneurs civils à destination de l'armée, ne sont pas considérés comme objets privés.

Clauses financières sur les réseaux de la Régence non garantis par l'Etat français.

Art. 3. Sur les réseaux de la régence non garantis par l'Etat français, les stipulations financières qui seront la conséquence des réquisitions prévues à l'article 1er sont les suivantes :

La suppression ou la restriction du service commercial ne donne droit à aucune indemnité.

Le prix du transport des voyageurs militaires isolés ou en troupe, ou assimilés (2e alinéa de l'article 2) sera fixé à la moitié du tarif prévu au cahier des charges, sans pouvoir dépasser les trois quarts du tarif plein, en vigueur au moment de la réquisition. La même base de fixation sera appliquée au transport des animaux, des véhicules, du matériel de guerre ou d'approvisionnements, voyageant avec les troupes et appartenant à ces troupes.

Les animaux, les véhicules, le matériel de guerre ou d'approvisionnements ne voyageant pas avec les troupes ou n'appartenant pas en propre à ces troupes, lors même qu'ils voyageraient dans les mêmes trains, seront taxés d'après les tarifs commerciaux ou spéciaux en usage, et d'après la vitesse ordonnée et réalisée.

La même taxe sera appliquée aux transports de bétail et d'approvisionnements à destination de l'armée, visée au dernier alinéa de l'article 2.

L'utilisation des dépendances des gares et de la voie, ainsi que des fils télégraphiques, ne donne lieu à aucune indemnité spéciale.

En cas de réquisition de combustibles, matières grasses et autres objets, les prix de remboursement seront ceux des prix de revient réels, justifiés par les compagnies.

En cas de location accidentelle de machines, voitures ou wagons, le prix sera celui que les compagnies s'accordent entre elles selon leurs usages.

Les stipulations du présent article ne préjudicient pas au droit qu'ont les compagnies réquises de faire valoir leurs réclamations, dans les conditions prévues à l'article de notre décret du 22 octobre 1900, relatif aux réquisitions militaires à exercer sur le territoire de la Régence.

Si une compagnie est temporairement dépossédée de son personnel et de son matériel, par application du 4e alinéa de l'article 1er ci-dessus, l'indemnité qui lui est due est réglée dans les formes des articles 16 et 21 suivants, du décret visé à l'alinéa qui précède.

Les transports militaires de personnel ou de matériel qui seraient exigés par application du premier alinéa de l'article 1er ci-devant, mais sans que la ligne soit requise, seront payés d'après les tarifs ordinaires appliqués par l'administration militaire en temps normal.

Cas de conventions spéciales avec les compagnies.

Art. 4. Les dispositions de l'article 3 ci-dessus ne préjudicient pas à la passation, dès le temps de paix, de conventions spéciales, avec les compagnies de chemins de fer, dont les stipulations seraient alors seules appliquées.

Vu pour promulgation et mise à exécution.

Tunis, le 22 octobre 1900.

Le Délégué à la Résidence générale de la République française,
M. GRIMAULT.

Décret du 4 septembre 1907 relatif à la réquisition des animaux et voitures en Tunisie.

26 redjeb 1325.

Nous, Mohammed En Nacer Pacha Bey, possesseur du Royaume de Tunis :

Vu la loi du 3 juillet 1877 relative aux réquisitions militaires ;

Vu le décret du 2 août suivant portant règlement d'administration publique pour l'exécution de cette loi ;

Vu le décret du 22 octobre 1900 relatif aux réquisitions à exercer sur le territoire de la Régence en ce qui concerne la population indigène ;

Sur la proposition de Notre Ministre de la Guerre et sur le rapport de Notre Premier Ministre,

Avons pris le décret suivant :

Art. 1er. La loi du 3 juillet 1877, relative aux réquisitions militaires et le décret du 2 août 1877, portant règlement d'administration publique pour l'exécution de ladite loi, sont applicables en Tunisie, en ce qui concerne les animaux et les voitures dans les conditions indiquées ci-après :

TITRE PREMIER.

Recensement.

Art. 2. Tous les ans, au commencement de décembre, tous

les propriétaires de chevaux, mulets, mules et voitures autres que les indigènes et n'entrant dans aucune des catégories d'exception mentionnées à l'article 3 ci-après, sont avisés par les soins des autorités municipales et, en l'absence de tout organe municipal, par les contrôleurs civils, qu'ils doivent se présenter à leur choix, au contrôle, annexe de contrôle ou à la commune (1) pour faire la déclaration des chevaux, mulets, mules et voitures qui leur appartiennent.

L'âge des animaux devra être indiqué. L'âge se compte à partir du 1er janvier de l'année de la naissance.

Art. 3. Du 1er au 15 janvier de chaque année est établie dans chaque commune, et à défaut au chef-lieu de chaque contrôle ou annexe, la liste de recensement des chevaux, mulets, mules et voitures prescrite par l'article 37 de la loi sur les réquisitions militaires.

La liste mentionne tous les animaux et voitures déclarés avec leur signalement, le nom et le domicile de leurs propriétaires, sauf les exceptions ci-après :

1° Les animaux et voitures appartenant aux agents diplomatiques et consulaires français et étrangers dans leur résidence officielle ; mais ces agents sont soumis au droit commun en qualité de propriétaires ou locataires de biens-fonds qu'ils posséderaient ou affermeraient à titre particulier ;

2° Les animaux et voitures qui sont la propriété des étrangers appartenant aux pays désignés ci-après, en faveur desquels l'exemption de toute réquisition militaire a été stipulée par des conventions spéciales : Allemagne, République argentine, Chili, République dominicaine, Equateur, Espagne, Grande-Bretagne (et Malte), Haïti, Honduras, Mexique, Russie et Suisse ;

3° Les étalons approuvés ou autorisés pour la reproduction, sur justification de pièces régulières ;

4° Les juments ;

5° Les chevaux qui n'auraient pas atteint l'âge de 5 ans au 1er janvier ;

---

(1) Le mot « commune » est un terme générique qui s'applique à toute localité administrée par une municipalité, une commission municipale, ou une commission de voirie.

6° Les mulets et mules qui n'auraient pas atteint l'âge de 4 ans au 1er janvier ;

7° Les animaux qui sont reconnus avoir déjà été inscrits dans une autre commune ou chef-lieu de contrôle ou d'annexe ;

8° Les animaux qui sont reconnus avoir déjà été réformés par une commission de classement ;

9° Les animaux et voitures de l'administration des postes qui produira à cet effet, le 1er janvier de chaque année, au général commandant la division un état indiquant : les localités où sont installés les écuries ou relais de l'entreprise, le nom de l'entrepreneur et le nombre d'animaux affectés au transport des dépêches en voiture ou à cheval ;

10° Les animaux et voitures affectés au transport du matériel nécessité par l'exploitation du chemin de fer. L'état des animaux nécessaires à cet effet dans chaque localité sera fourni le 1er janvier de chaque année au général commandant la division par la direction des travaux publics ;

11° Les voitures servant au transport exclusif des personnes.

Art. 4. Un certificat de déclaration est délivré aux propriétaires par les autorités municipales ou contrôleurs, avec mention du nombre d'animaux et voitures déclarés et inscrits. Si le propriétaire a plusieurs résidences il doit présenter ce certificat dans les communes ou contrôles où il ne fait pas inscrire ses animaux et voitures.

Art. 5. La liste du recensement établie à l'aide des déclarations dans chaque commune ou contrôle est visée chaque année avant le 20 janvier par le contrôleur civil. Elle est établie en triple expédition ; l'une des expéditions est conservée dans les archives de la commune ; la deuxième dans les archives du contrôle ou de l'annexe ; la troisième est adressée pour le 1er février de chaque année au général commandant la division, pour l'établissement du travail préparatoire des opérations du classement.

TITRE II.

Du classement.

Art. 6. Le général commandant la division d'ocupation propose chaque année au résident général les contrôles, et dans chaque contrôle les communes ou les commissions mixtes créées en vertu de l'article 38 de la loi sur les réquisitions militaires, procéderont aux opérations du classement des chevaux, mulets, mules et voitures.

Art. 7. Les opérations en question ont lieu dans le courant des mois de février et mars de chaque année (de préférence en février). La date de leurs opérations est notifiée aux populations par voie d'affiches apposées par les soins des contrôleurs ainsi que par des convocations adressées par les autorités municipales et de contrôle. Les propriétaires doivent présenter ou faire présenter leurs animaux devant les commissions, dans les conditions indiquées par les affiches et les convocations ; faute de se soumettre aux formalités prescrites ils s'exposeraient aux pénalités édictées par l'article 52 de la loi du 3 juillet 1877, rappelées à l'artice 14 du présent décret.

Art. 8. Les commissions mixtes de classement comprennent :

Un officier, président ;

Le vice-président de la municipalité, ou un membre français de la municipalité désigné par le gouvernement tunisien ; à défaut d'organisation municipale, un délégué du contrôleur ;

Un vétérinaire civil ou militaire.

Une instruction spéciale du général commandant la division d'occupation détermine les conditions de leur fonctionnement et de leurs opérations

Elles dressent par commune, contrôle ou annexe, un tableau des animaux et voitures susceptibles d'être requis pour le service de l'armée. Le tableau, signé par tous les membres de la commission, est établi en trois expéditions. L'une d'elles est conservée dans les archives de la commune, contrôle ou annexe ; l'autre, destinée à centraliser l'ensemble du recensement de la circonscription, est conservée par le contrôleur ; la troisième est adressée au général commandant la division d'occupation.

Les commissions de classement réforment définitivement les animaux impropres au service de l'armée et ajournent au classement suivant ceux qui ne paraissent pas momentanément susceptibles d'être requis. Mention de ces décisions est indiquée sur la liste de recensement, arrêtée et signée par les membres de la commission avant d'être remise aux archives de la commune, contrôle ou annexe.

Art. 9. Lorsqu'un animal est réformé comme impropre au service de l'armée, la commission remet au propriétaire un certificat constatant sa décision et mentionnant le signalement exact de l'animal, tel qu'il est inscrit sur la liste de recensement. Le certificat de réforme ainsi obtenu est présenté au classement suivant avec une attestation signée du propriétaire constatant que l'animal réformé n'a pas été changé.

TITRE III.

Réquisition en cas de mobilisation.

Art. 10. En cas de mobilisation la réquisition des animaux et voitures classés est effectuée par les commissions mixtes, dites commissions de réception, dans les conditions déterminées par l'instruction ministérielle du 7 décembre 1905 pour la mise en vigueur en Tunisie du plan de réquisition.

Les membres des commissions sont nommés par le général commandant la division d'occupation ; les contrôleurs civils désignent chaque année, dans les localités où pourrait s'opérer la réquisition, les membres civils nécessaires pour les constituer.

Les commissions mixtes de réception siègent dans chaque localité aux emplacements choisis et désignés à l'avance ; l'autorité militaire peut désigner plusieurs commissions appelées à opérer dans la même localité, dans le but d'accélérer les opérations.

Art. 11. L'ordre de rassemblement des animaux et voitures, en cas de mobilisation, est porté à la connaissance des populations par voie d'affiches et avis individuels indiquant la date, l'heure et le lieu de la réunion.

Les contrôleurs civils et les autorités municipales prennent toutes les mesures qui sont en leur pouvoir pour que tous les propriétaires soient avertis et obéissent en temps utile aux prescriptions de l'autorité militaire.

Art. 12. Doivent être conduits aux emplacements indiqués pour la réquisition :

1° Tous les animaux et voitures figurant sur le tableau de classement de la commune, contrôle ou annexe ;

2° Tous les animaux qui, pour un motif quelconque, ne figurent pas sur le tableau en question, à l'exception de ceux antérieurement réformés ;

3° Les animaux et voitures recensés ou classés dans d'autres communes, contrôles ou annexes qui se trouvent au moment de la mobilisation sur le territoire de la commune ou contrôle où opère une commission.

Art. 13. Les commissions opèrent conformément aux prescriptions de l'instruction du 7 décembre 1905 pour la mise en vigueur en Tunisie du plan de réquisition.

TITRE IV.

Pénalités.

Art. 14. Les autorités municipales et les propriétaires qui ne se conforment pas aux dispositions des titres I et II du présent décret sont déférés aux tribunaux et passibles d'une amende de 25 francs à 1.000 francs ; ceux qui ont fait sciemment de fausses déclarations seront frappés d'une amende de 50 francs à 2.000 francs (art. 52 de la loi du 3 juillet 1877).

Art. 15. A la mobilisation, les autorités municipales et les propriétaires qui auront contrevenu aux dispositions du titre III du présent arrêté et n'auront pas obéi aux prescriptions de l'autorité militaire seront déférés aux tribunaux et, en cas de condamnation, frappés d'une amende égale à la moitié du prix d'achat pour la catégorie à laquelle appartiennent les animaux non présentés ou dissimulés ou à la moitié du prix moyen d'acquisition des voitures ou harnais dans la région (art. 51 de la loi précitée).

La saisie et la réquisition des voitures et animaux non présentés et dissimulés pourront, en outre, être exécutés immédiatement à la diligence du président de la commission de réception ou de l'autorité militaire, sans attendre le jugement du tribunal.

TITRE V.

Dispositions spéciales aux indigènes.

Le décret beylical du 22 octobre 1900 relatif aux réquisitions à exercer sur le territoire de la Régence sera appliqué comme il suit, en ce qui concerne la préparation et l'exécution de la réquisition des animaux et voitures attelées pour les besoins de l'armée.

Art. 16. Tous les ans, à l'époque de l'établissement des statistiques du ravitaillement, les cheikhs, les khalifats et les caïds établissent l'état des chameaux, chamelles et chevaux âgés de plus de 4 ans, des mulets et mules âgés de plus de 3 ans, ainsi que des voitures attelées, qu'ils reconnaissent aptes au service militaire (selle, bât, trait ou service des convois).

Art. 17. Les états ainsi établis, déduction faite des animaux appartenant à S. A. le Bey et à ses Ministres, de trois chevaux laissés aux caïds, de deux chevaux laissés aux khalifats et d'un cheval laissé aux cheikhs, ainsi que des étalons approuvés pour la reproduction, sont adressés au contrôleur civil et soumis à l'examen des commissions locales de vérification des statistiques du ravitaillement, instituées par arrêté résidentiel du 1er juillet 1905. Les relevés numériques de ces états, diminués d'un cinquième pour les non-valeurs, constituent le maximum à fournir, le cas échéant, par chaque caïdat. L'indication du contingent susceptible d'être fourni dans ces conditions par chaque caïdat est adressée le 1er décembre de chaque année par les contrôleurs civils au général commandant la division.

Art. 18. Il n'est procédé à aucun autre classement des animaux et voitures soumis à la réquisition.

Art. 19. A la mobilisation, ou en cas de manœuvres, l'ordre de réquisition collective est adressé par l'autorité militaire au contrôleur civil qui le transmet au caïdat ; il indique le jour et le lieu de la réunion du contingent de chaque caïdat.

Les voitures seront réquisitionnées attelées ou non, en principe avec leur conducteur habituel. Les animaux non attelés devront être pourvus d'un bât, d'un tellis ou filet et des cordes nécessaires pour assurer la charge. Ils sont examinés, reçus et achetés ou pris en location par une commission mixte, dite commission de réception, nommée par le général commandant la division, fonctionnant dans les conditions déterminées par l'instruction du 7 décembre 1905 pour la mise en vigueur du plan de réquisition.

Art. 20. Les pénalités en cas de non-observation des prescriptions ci-dessus, en temps de paix et en temps de guerre, sont celles prévues par l'article 9 du décret beylical du 22 octobre 1900.

Vu pour promulgation et mise à exécution :

Tunis, le 4 septembre 1907.

Le Délégué à la Résidence générale
de la République française,
E. Ronssin.

Arrêté relatif à la fixation du prix d'achat des diverses catégories de voitures automobiles en cas de réquisition.

Paris, le 18 juillet 1913.

Le Ministre de la guerre,

Vu l'article 12 de la loi du 28 juillet 1909 prévoyant la détermination à l'avance du prix des voitures automobiles à requérir à la mobilisation d'après leur catégorie et leur ancienneté de fabrication;

Vu le règlement d'administration publique du 7 octobre 1910, fixant les déductions à opérer pour les voitures d'une même catégorie, en raison de leur ancienneté de fabrication,

Arrête :

Détermination des prix de réquisition.

Art. 1er. Les prix de réquisition des voitures automobiles sont déterminés par la somme des prix partiels des châssis, des bandages et des carrosseries évalués comme il suit :

1° Prix des chassis.

a) Camions automobiles.

P étant le prix du châssis en francs, N le nombre des cylindres, C la puisance du moteur en chevaux, la formule à appliquer sera :

$$P = 1.000\ N + 400\ C.$$

b) Tracteurs.

Pour les tracteurs, la formule devra être modifiée ainsi qu'il suit :

$$P = 1.000\ N + 500\ C.$$

c) Trains.

Il y aura lieu de faire intervenir pour ce cas un élément additionnel, R, nombre de remorques; la formule à appliquer sera :

$$P = 1.000\ N + (500 + 200\ R)\ C.$$

e) Voitures de tourisme.

$$P = 500\ N + 300\ C.$$

f) Motocyclettes.

$$P = 500 + 150\ N.$$

2° Prix des bandages.

a) *En fer*, compris dans le prix du châssis.

b) *En caoutchouc plein* : en bon état, 600 francs par bandage.

c) *Pneumatiques* : chambre à air, 50 francs; bandage simple, 150 francs; bandage antidérapant, 180 francs.

3° Prix des carrosseries.

a) *Camion* : sans bâches ni arceaux, 1.200 francs; avec bâches et arceaux, 1.500 francs.

b) *Fourgons voitures de livraison* : 2.000 francs.

c) *Transport du personnel* (camions et voitures de tourisme) : 2.000 francs + 100 francs par place.

Majoration du prix des voitures.

Art. 2. Tout véhicule, quelle que soit sa série, c'est-à-dire son ancienneté de fabrication, peut avoir son prix majoré.

Le maximum de cette majoration pourra être égal, dans toutes les séries, au quart du prix qui serait fixé pour ledit véhicule, s'il était considéré comme appartenant à la première série.

4° Détermination de la puissance en chevaux.

La puissance en chevaux des moteurs sera celle figurant au procès-verbal du service des mines, établi pour chaque véhicule.

Le Ministre de la guerre,

Eug. Etienne.

Décret du 2 août 1914, relatif au mode de payement des chevaux, voitures attelées et automobiles rassemblées par voie de réquisition.

Art. 1er. Les mandats remis aux receveurs municipaux, conformément aux dispositions de l'article 103 du décret du 2 août 1877, peuvent être payés en bons du Trésor dans les conditions fixées à l'article 55 du même décret. Ces bons porteront intérêt à 5 p. 100 du jour de l'émission du mandat correspondant.

Art. 2. Les dispositions de l'article précédent sont applicables au paiement des voitures automobiles requises dans les conditions fixées par la loi du 22 juillet 1909.

En ce qui concerne ces véhicules, les bons du Trésor émis en paiement des mandats sont établis au nom des propriétaires intéressés.

Art. 3. Les dispositions du présent décret ne sont applicables qu'en cas de mobilisation et en temps de guerre. Elles recevront exécution immédiate en vertu de l'article 2 du décret du 5 novembre 1870.

Art. 4. Les Ministres de la guerre et des finances sont chargés, chacun en ce qui le concerne, de l'exécution du présent décret.

Fait à Paris, le 2 août 1914.

R. Poincaré.

Par le Président de la République :

Le Ministre de la guerre, Messimy.

Le Ministre des finances, J. Noulens.

TABLES.

TABLE MÉTHODIQUE

I. — Dispositions générales.

II. — Dispositions relatives à la réquisition du logement et du cantonnement.

III. — Dispositions relatives à la réquisition des animaux et voitures nécessaires à la mobilisation (1).

---

(1) Voir volume n° 70 *bis*, les instructions relatives au recensement et au classement des animaux et des voitures.

TABLE CHRONOLOGIQUE

TABLE ALPHABÉTIQUE

A

I

L

M

N

O

P

R

S

V

Paris et Limoges. — Imprimerie militaire Henri CHARLES-LAVAUZELLE

BIBLIOTHEQUE NATIONALE DE FRANCE
3 7502 01834891 4

www.ingramcontent.com/pod-product-compliance
Ingram Content Group UK Ltd.
Pitfield, Milton Keynes, MK11 3LW, UK
UKHW022057190726
13855UKWH00002B/530

9 782013 398527